Es zünde sich ein Licht
am anderen an!

Bibliografische Informationen der Deutschen Bibliothek:
Die Deutsche Bibliothek verzeichnet diese Publikation in der Deutschen Nationalbibliografie; detaillierte Dateien sind im Internet über http://dnb.ddb.de abrufbar.

Impressum:

1. Auflage, Oktober 2020
Autoren: Eva Neuner, Holger Niemeyer
Layout/Satz: Brigitte Winkler, www.winkler-layout.de
Lektorat: Heike Funke
Sprache: deutsch
ISBN: 978-3-95716-334-9
ISBN E-Book: 978-3-95716-313-4
www.verlag-kern.de

Eva Neuner & Holger Niemeyer

Es zünde sich ein Licht am anderen an!

Wie trotz unterschiedlicher Überlebensstrukturen das wahre Selbst durch wirkliche Begegnung erwachsen kann

Inhalt

I. EINLEITUNG

Warum schreiben wir dieses Buch?

Wir beide schreiben dieses Buch, weil wir einander seit vielen Jahren kennen und es uns schon immer verbunden hat, uns in der Tiefe auszutauschen und dafür Worte zu finden.

Im Äußeren scheint uns mehr zu trennen als zu verbinden: 15 Jahre Altersunterschied, unterschiedliche Biografien und Lebensweisen. Beruflich ist Holger strategischer Unternehmensberater, Trainer und Coach in Berlin, Eva dagegen begleitet seit über 30 Jahren Menschen in Therapie, Supervision und Fortbildung in Nürnberg.

Aber wir möchten uns hier ganz in dem zeigen, was wir trotz dieser Unterschiedlichkeit miteinander erlebt haben.

Wir wissen, dass es nichts Neues ist, was wir hier schreiben, sondern wir versuchen, tief All-Bekanntes auf eigene Art und Weise weiterzugeben. Uns geht es nicht darum, einen Autorenanspruch zu haben, sondern wir möchten gerne eine Einladung sein, in die jeweils eigene Tiefe der Seele zu vertrauen, so wie auch wir beide füreinander eine Einladung dazu waren. Es geht uns nicht um Vorschriften und Bestimmungen, sodass andere das Geschriebene auch gerne anders sehen dürfen.

Es war uns sehr kostbar, Worte zu finden für die verschiedenen Aspekte von Begegnung, die wir miteinander erfahren durften. Diese Worte kamen innerlich aus dem

Moment heraus und bedeuteten kein Zitieren von Literatur. Wir möchten auch keine druckreife Sprache, denn das Innere darf stolpern, muss nicht immer perfekt und geschmeidig sein – so wie wir selbst.

Letztlich liegt der Gehalt der Worte ohnehin jenseits von diesen. Sie können nur verweisen auf das Wort-Jenseitige. Und dennoch mögen wir versuchen, Worte zu finden. Unsere Begegnung hat uns zunächst gegenseitig in der eigenen Wahrnehmung bestärkt, und durch das gewachsene Vertrauen in uns selbst entstand die Erlaubnis, dann auch in die Unterscheidung zu finden.

Und immer wieder gab und gibt es in all dem ein einander Erkennen in der Tiefe der Seele, das über das Irdische weit hinausgeht – und doch ganz konkret hilft, auf der Erde wirklich anzukommen und ein wahres Selbst zu leben.

Unseren ursprünglichen Ansatz, das Buch in wenigen Monaten fertigzustellen, mussten wir sehr schnell aufgeben, da das Schreiben viel mit uns selbst gemacht hat. In einer sehr geführten Weise sind in diesen am Ende zweieinhalb Jahren ganz wesentliche Dinge erst in uns erwachsen.

Für mich ist ein großes Geschenk, in diesem Buch mit Eva aufs Neue tief einzutauchen in „unsere" Themen, die gleichzeitig natürlich auch ganz einfach menschliche Themen sind.
Das Schreiben mit Eva ist ein ganz besonderes, weil es einerseits gemeinsam durch uns erfolgt und andererseits eine starke Führung spürbar war über den gesamten Prozess. Es ist ganz persönlich, ganz Eva, ganz Holger, und doch geht es weit über uns hinaus.

Ich habe vor allem lernen dürfen, wie unterschiedlich unsere Überlebensstrategien waren und wie sehr wir andererseits gleichzeitig auf einer tiefen Ebene so mühelos zueinander finden.

Für mich ist es in meinem Beruf als Unternehmensberater immer wieder eine große Herausforderung, den dortigen Anforderungen der Umwelt an mich gerecht zu werden und trotzdem auch bei mir zu bleiben. Das Schreiben am Buch war dabei immer eine Aufforderung und Einladung zugleich, mich wirklich vom Äußeren freizumachen und ganz in mich selbst hinein zu vertrauen.

Und auch wenn wir dieses Buch letztlich vor allem für uns selbst geschrieben haben, so bin ich doch gespannt auf die individuellen Reaktionen.

Mich selbst berührt es sehr, mit Holger nun ein zweites Mal zusammen ein Buch zu schreiben. Denn er war der erste Mensch, von dem ich in der Tiefe klar wahrgenommen und bestärkt wurde, in mein Innerstes wirklich zu vertrauen.
Unsere Begegnung half mir auch, endlich Worte zu finden, wie anders als viele Menschen ich mit einem durchlässigen Selbst versucht habe, im irdischen Leben zurechtzukommen.

Ich selbst durfte bisher seit über 30 Jahren Menschen in Therapie, Supervision und Fortbildung begleiten. Dabei wurde mir immer deutlicher, wie wesentlich eine gegenseitige Seelenverbundenheit ist, um immer mehr in die innere Stimmigkeit in sich zu vertrauen und gleichzeitig liebevoll die bisherige Selbststruktur als Überlebensform zu verstehen.

Ich habe seit Jahren dazu kleine philosophische Heftchen verfasst, um damit einzuladen, zu sich selbst zu finden und sich verstanden zu fühlen.

Und nun freue ich mich über dieses Buch!

Aufbau des Buches

Das Buch ist in sieben Abschnitte unterteilt. Dabei orientiert sich der Aufbau grob an dem Verlauf unserer Begegnungsgeschichte.

Im Abschnitt I Einleitung sprechen wir zunächst von unserer persönlichen Motivation für dieses Buch und geben nach dem Aufbau des Buches einen kurzen Abriss unserer Begegnungsgeschichte.

Der Abschnitt II Wahrnehmungsbestätigung beschreibt zunächst deren fundamentale Bedeutung für uns, wie wichtig die Bewertungslosigkeit in diesem Zusammenhang ist und gibt persönliche Beispiele. Außerdem gehen wir darauf ein, wie uns das gegenseitige Brauchen in der Wahrnehmungsbestätigung letztlich in die Freiheit geführt hat.

Im Abschnitt III beschäftigen wir uns mit der Unterscheidung unserer beider psychischen Strukturen inszeniertes Selbst und durchlässiges Selbst. Wir beschreiben sie, schildern das persönliche Erleben dieser Strukturen und wie Begegnung aus diesen Strukturen heraus erfolgt. Der Abschnitt schließt mit der Betrachtung, dass der Übergang zum wahren Selbst auch noch von unseren persönlichen Strukturen geprägt ist und geht auf die Sonderform des „spirituellen“ Selbst ein.

Das wahre Selbst ist das Thema des Abschnitts IV. Es wird wie die persönlichen Strukturen eingehend beschrieben und versucht, diese aus der Perspektive des wahren Selbst besser zu verstehen. Einen wichtigen Teil stellt noch die Auflistung dar, was uns zum wahren Selbst verhelfen kann.

Abschnitt V widmet sich der Begegnung im wahren Selbst, wie wir einander darin bestärken können und wie dessen Verkörperung gelingen kann.

Die Themen Verwundbarkeit, Schmerz, Liebe und Tod werden im gleichnamigen Abschnitt VI aus der Perspektive des wahren Selbst betrachtet und erhalten so eine völlig neue Einordnung und Bedeutung.

Im letzten Abschnitt VII wagen wir uns an Gott und die Liebe heran. Es ging uns darum, Worte für Gott zu finden, uns im Göttlichen zu zeigen und dabei nicht die Menschlichkeit zu vergessen. Das Buch schließt mit dem Licht, welches in uns allen leuchtet.

Es gibt Teile, die wir einzeln geschrieben haben – in der Regel diejenigen, wo wir über unsere unterschiedlichen Selbststrukturen schreiben. Die anderen Teile haben wir gemeinsam verfasst.

Persönliche Zitate sind jeweils *kursiv* gesetzt. Dabei ist manchmal erkennbar, von wem sie stammen, aber oftmals nicht. Auch wir können im Nachhinein nicht mehr sicher zuordnen, wer jeweils was gesagt hat – und es kommt uns darauf auch gar nicht an.

Unsere Begegnungen

Unsere gemeinsamen Begegnungen begannen vor vielen Jahren. Der Beginn war ein gemeinsames Seminar, danach eine Fortbildung und Assistenz, die im Laufe der Zeit mehr und mehr dazu führten, uns auch persönlich zu treffen und regelmäßig zu telefonieren. Es entstanden gemeinsame Urlaube, um Worte und wahre Begegnung zu vertiefen, dann das Verfassen eines ersten Buches und eine regelmäßige kleinere Forschungsgruppe. Als wir uns zum ersten Mal in einem Seminar begegnet sind, gab es keinen magischen Moment, in dem wir uns sofort erkannt hätten und alles klar gewesen wäre. Es gab vielmehr ein erstes Kennenlernen. Wir erfuhren den Namen des Gegenübers, tauschten ein paar Worte aus, fanden uns sympathisch und gingen wieder unserer Wege – ein Kennenlernen ohne Folgen.

Und obwohl ich in deinen Augen sah, dass du mit Größerem verbunden bist, fand keine weitere Begegnung auf dieser Ebene statt.

Das wirkliche Kennenlernen fand erst beim übernächsten Wiedersehen statt, als wir eine Woche gemeinsam in einem Kurs assistierten. Auch hier war es nicht gleich eine tiefere Begegnung, sondern zunächst eine Aufgabe, die uns verband.

Dennoch haben wir beide damals zum ersten Mal erfahren, dass wir unsere innersten Wahrnehmungen miteinander teilen konnten und dadurch eine Verbundenheit erlebten, die wir bisher nicht kannten.

Es war und ist für uns beide eine unglaubliche Erfahrung, wie gleich unsere innersten Reaktionen von Beginn an waren und noch immer sind. Gemerkt haben wir diese Gleichheit nicht nur bei dieser gemeinsamen Assistenz, sondern später auch, als wir uns nach Vorträgen oder Begegnungen mit anderen Menschen ausgetauscht haben. Statt wie früher in innere Zweifel oder ein Gefühl der Leere zu fallen, merkten wir zum ersten Mal, dass wir ein uns mitgegebenes inneres Wahrnehmen und Spüren miteinander teilen und uns einander darin bestärken, ermutigen und so füreinander da sein konnten.

Es entstand eine für uns ganz besondere und noch nicht benennbare Form der Anziehung, die jedoch nichts mit Erotik oder dem Wunsch nach einer Paarbeziehung zu tun hatte. Diese Art der Begegnung war einerseits von fundamentaler Tiefe, und gleichzeitig war es zunächst unfassbar, dass da ganz unvermittelt etwas so Gleiches zwischen zwei so unterschiedlichen Personen auftauchte.

Für mich war es das erste Mal im Leben, dass ein Gegenüber die gleichen Wahrnehmungen hatte wie ich und ich dafür eine Resonanz bekam. In diesem Spiegeln lag kein Tun, keine Absicht. Wir wollten nichts voneinander.

Es war auch für mich ganz neu und zutiefst berührend, auf einmal ein wirkliches Gegenüber zu erleben, das bestätigte, was eigentlich an Wahrnehmungen in mir da war. Und wir standen nie übereinander, sondern begegneten uns auf einer ganz gleichen Ebene.

Dennoch hat es Jahre gebraucht, bis wir uns im ganzen Ausmaß wirklich hinein entspannen konnten. Hier gab es ein wirkliches einander Brauchen. Wir begannen, spüren zu dürfen, was eigentlich in uns ist. Wenig ist das – und ganz viel. Dieser Austausch hat sich mehr und mehr zu etwas wie unserem ganz persönlichen Gottesdienst entwickelt.

Im Nachhinein spüren wir jetzt über die ganze Zeit hinweg eine Führung, auch wenn es uns damals noch nicht offensichtlich war.

II. WAHRNEHMUNGSBESTÄTIGUNG

Die Bedeutung von Wahrnehmungsbestätigung

Immer mehr entstand zwischen uns die Bestätigung unserer Wahrnehmungen. Diese hat sowohl in persönlichen Begegnungen als auch regelmäßig per Telefon stattgefunden.

Wahrnehmungsbestätigung hilft, aus innersten Selbstzweifeln, wirklicher Erschütterung, Irritation oder einem Gefühl der Leere immer mehr in das eigene Innere und dessen Reaktionen vertrauen zu können. Ein Gegenüber ermöglicht, das uns eigentlich mitgegebene tiefe Spüren zum ersten Mal im Leben teilen zu können und cs so immer mehr ernst zu nehmen und Worte dafür zu finden. Auf diese Weise entsteht ein neues, fundamentales Erleben.

Ganz unerwartet gab es mit dir jemanden, den meine Wahrnehmung nicht nur interessierte, sondern diese auch noch teilte und damit bestätigte. Ich fühlte mich bezeugt durch dich.

Ja, das habe ich auch wie ein Wunder erlebt: Wenn ich zu dir sagte, was ich als schwierig für mich oder als irritierend empfand, dann kam nicht, so wie ich es gewöhnt war, ein Kommentar dazu. Sondern in aller Regel sagtest du, dass du das auch so empfindest und es teilst, und so erfolgte durch dich eine Ermutigung und Bestärkung, die ich in dieser Weise nicht kannte.

Wahrnehmungsbestätigung ist viel mehr als nur reines Zuhören. Sie ist ein miteinander Teilen, ein nachfragendes Vertiefen und ein einander Verstehen. Sie bedeutet ein sich wirklich interessieren ohne Objektivitätsanspruch. Ohne intentional zu sein oder etwas füreinander tun zu wollen, entsteht paradoxerweise dennoch ein vollkommen füreinander Dasein.

Wozu sollte ich auch etwas teilen, was mir wieder einmal bestätigen würde, wie alleine ich mit meinem Erleben in dieser Welt bin? Wie viel unsichtbarer Schmerz war mit der Entscheidung verbunden, weniger und weniger von mir zu zeigen, um nicht immer wieder diesen Schmerz der Sichtbarwerdung ohne Bestätigung erleben zu müssen.

Und so entspannt sich das Innere bei dem, was es eigentlich immer gespürt hat.

Wirkliche Reaktionen kommen aus unserem Innersten; sie helfen, uns noch einmal auf eine ganz andere Weise ins Leben zu bringen und einen Boden zu finden, den es bisher in dieser Weise nicht gab. Sie sind nicht intellektuell inszeniert oder emotional gesteuert, sie folgen einem uns mitgegebenen innersten Seelenwissen in unserem Körper.

Für mich war unsere Begegnung ein Weltenbruch oder besser eine Welteneinung. Plötzlich tauchten die zarten Antennen des wahren Selbst wieder aus dem Verborge-

nen auf und gingen auf Empfang. Es gab wieder etwas auf der Ebene wahrzunehmen, an die man fast schon den Glauben verloren hatte. Und je mehr die Antennen hörten, umso mehr konnten sie sich immer weiter entfalten und immer feiner hören. Ich merke, dass für mich das Bild von Klang, von gemeinsamem Schwingen, von Resonanz dieses Erleben am besten beschreibt.

Für mich war es so, dass du mich noch mal auf eine andere Weise ins Leben gebracht, mir geholfen hast, einen Boden in mir zu finden, den es bisher in dieser Weise nicht gab. Für mich war unglaublich, dass du meine stets vorhandenen, alles überlagernden Selbstzweifel nicht genährt, sondern im Gegenteil mich weiter bestärkt hast, was ich eigentlich schon immer wahrnahm, aber stets alleine damit war oder darin für falsch erklärt wurde. Für mich war vertraut, dass meine Wahrnehmungen und Empfindungen von anderen infrage gestellt wurden, dass ich zu sensibel sei, übertreibe, mir etwas einbilde. Oder dass ich an mir arbeiten, mich verändern und den Ratschlägen anderer folgen solle, statt in mich hinein zu hören und in mich zu vertrauen.

Trotzdem enthält eine solche kostbare Verbundenheit durch die gleiche Wahrnehmung manchmal auch eine tiefe innerste Angst, an einer entscheidenden Stelle verlassen und enttäuscht zu werden. Je mehr wir einander wirklich zeigen und begegnen, desto mehr kann natürlich auch alte, tiefe Verlassenheit hochkommen, die auch ernst genommen und da sein möchte. Wir selbst haben diese Angst auch immer mal wieder in unseren wöchentlichen Telefonaten erlebt. Und es war besonders, dass wir diese Urangst miteinander teilen und einander auch darin verstehen konnten.

Erst wenn die eigentliche tiefe – uns mitgegebene – innere Wahrnehmung immer wieder aufs Neue bestätigt wird, entsteht ein Bewusstsein dafür und ein Vertrauen darin, sodass das wahre Selbst erwachsen kann. Hier gibt es ein wirkliches einander Brauchen. Ohne Resonanz verschwindet unsere Ur-Wahrnehmung.

Letztlich hast du mich erstmalig wirklich in die eigene Form gebracht und mir geholfen, durch die Wahrnehmungsbestätigung aus der Unsichtbarkeit in die Sichtbarkeit zu kommen.

Für mich ging es mit dir nicht um die Formhaftigkeit als solche, sondern darum, zum ersten Mal eine aus der Seele heraus entstehende Form zu erleben. Daher ging es für mich auch nicht um die Sichtbarkeit als solche, sondern die Sichtbarkeit im wahren Selbst.

Wahrnehmungsbestätigung ist eine Form des Segnens.

Wahrnehmungsbestärkung ohne bewusste Differenzierung

Unsere Rückschau auf diese erste Zeit erfolgt mit einem liebevoll verstehenden Blick, und gleichzeitig ist ein Verständnis da, dass unser Verhalten damals für andere nicht immer einfach war.

Unsere wechselseitige Bestärkung hat uns sehr zusammengeschweißt. Lange Zeit war dies eine Notwendigkeit, die uns so einig sein ließ, dass wir manchmal das Gefühl hatten, gar nicht zwei unterschiedliche Personen zu sein.

Ich weiß noch, dass du in Gruppen öfter einen Satz sagtest, der mir auch schon im Mund lag – oder umgekehrt –, ohne dass wir das im Geringsten zuvor besprochen gehabt hätten.

Wir verstehen heute, dass das damals für andere auch bedrohlich war. Es gab Bemerkungen, wir seien ein Zweierbündnis, gar nicht einzeln. Wir konnten zwar immer nach außen unsere Unterschiedlichkeit betonen, aber die bewusste Differenzierung in unserer jeweils individuellen Verkörperung fehlte noch.

Doch über die Zeit hinweg wurden wir durch das einander Nähren mehr und mehr uns selbst ein inneres Gegenüber und brauchten einander nicht mehr im ursprünglichen Ausmaß.

Wenn ich das gerade erinnere und aufschreibe, wird mir noch einmal klar, wie unglaublich diese Erfahrung für mich war.

Heute spüre ich diese totale Selbstbestärkung, die eine unglaubliche Hilfe für mich war, zu Form und Gestalt zu finden und nicht wie früher zutiefst allein und nie richtig verkörpert zu sein.

Bewertungslosigkeit

Wir verstehen unter Wahrnehmungsbestätigung keine Bewertung, sondern ein Bestätigen des Ur-Eigensten in uns.

Denn es gibt etwas von Beginn an mitgegebenes Wahrhaftiges in uns, das aus der Seele heraus eigentlich da ist, aber von außen oft schnell bewertet oder nicht ernst genommen wurde.

Für mich war es ein gänzlich neues Erleben, dass Wahrnehmung und Bewertung zwei getrennte Vorgänge sind. Ich kannte nur bewertende Wahrnehmung, aber nicht dieses einfache Schauen, welches wir miteinander erleben durften.

So kann gemeinsame echte Wahrnehmungsbestätigung bedeuten, zusammen etwas ganz anders zu spüren als viele Menschen um einen herum. Dabei geht es bei dem, was wir in uns innerlich wahrnehmen, niemals um Bewertung und Beurteilung eines Gegenübers, sondern im Gegenteil nur um gegenseitige Bestätigung des Spürens aus der inneren Tiefe, das letztlich die geführte Wahrheit aus der Seele heraus beinhaltet. So können wir in die Unterscheidung gehen und uns selbst bewahren, ohne andere Menschen notwendig bewerten oder gar abwerten zu müssen. Auch uns ist das natürlich nicht von Anfang an gelungen – auch wir haben Menschen verletzt.

Solange wir ausschließlich bei uns bleiben und unsere ganz subjektive innerste Wahrnehmung schildern, erwächst daraus unser ureigenster Schatz – und dieser kann von niemandem infrage gestellt werden, wenn wir gelernt haben, darin zu vertrauen.

Nur ich selbst weiß, wie es in mir aussieht, was mein Innerstes sagt.

Die Erfahrung, dass ich in meinem ganz persönlichen Erleben gar nicht falsch sein kann, ist für mich immer wieder erschütternd – und befreiend.

Wenn wir wirklich bei uns sind, dann wagen wir, uns mehr im Eigensten zu zeigen, und müssen Menschen nicht mehr ersparen, sie vor einer Verletzung vermeintlich zu schützen, was wir sonst sehr oft tun. Denn es gibt eine Verletzung, die keinerlei Absicht ist, einem sogar sehr leid tut, aber eben manchmal entsteht, wenn wir im Eigenen sichtbar werden.

Wir müssen lernen auszuhalten, dass unser Sichtbarwerden zu unvermeidbaren Verletzungen führen kann – wir werden unschuldig schuldig. Wenn man vor der Verletzung des Gegenübers grundsätzlich zurückweicht, entstehen oft ungute Kompromisse.

Ich versuche inzwischen, an Menschen weiterzugeben, dass, wenn wir uns wirklich zeigen, Verletzung anderer manchmal nicht vermeidbar ist, denn ich glaube, dass uns das früher meist zu wenig verständlich mitgeteilt wurde. Aber wir können zum einen dem Gegenüber liebevoll sagen, wie leid uns das tut und dass wir nicht absichtlich verletzen wollten – und zum anderen können wir mehr darin vertrauen lernen, dass das Wahrhaftige letztlich tief von allen Menschen eigentlich gesucht und innerlich erkannt wird.

Wahrnehmungsbestätigung, die uns wirklich zu uns selbst bringt, macht immer freier, weil jeder im Innersten bei sich selbst ist.

Unser Inneres weiß, dass Wahrnehmung nichts mit Bewertung zu tun hat.

Und dann kommen wir in eine Welt, die voller Bewertung ist, obwohl wir genau das Gegenteil bräuchten, um uns selbst vertrauen zu lernen. Denn nur aus einer bewertungsfreien Wahrnehmung und einem bewertungsfreien Wahrgenommenwerden heraus kann ein wahres Ich entstehen.

Wirkliche Wahrnehmungsbestätigung kennt keine Verurteilung, sie ist ein liebendes Verstehen, auch wenn etwas in uns da ist, das noch nicht der Seele folgt.

Aber auch für uns hat es lange gedauert, bis wir der Abwesenheit von Bewertung wirklich vertrauen konnten, bis die Angst vor Verurteilung, die wir so gut kannten, ganz allmählich nachließ und einem Staunen wich, dass ein gegenseitiges Mitteilen ohne jede Bewertung uns Menschen wirklich möglich ist.

Wir haben uns in unserer Ur-Wahrnehmung nie bedroht, sie war ohne jedes Konzept und konnte uns so erstmalig in unsere wirkliche Tiefe einladen.

Beispiele für Wahrnehmungsbestätigung

Unsere Wahrnehmungsbestätigungen entstanden beim gemeinsamen Assistieren, bei Vorträgen oder anderen Veranstaltungen. Das Teilen unseres jeweils inneren Spürens war uns manchmal wichtiger als die dargebotenen Inhalte und wir haben darauf viel Zeit im Nachhinein verwendet. Es ging dabei nicht um die Beurteilung anderer Menschen, sondern um den Austausch der Wahrnehmungen. Wir haben uns oft erst in unserer Zweier-Begegnung wieder getraut, wirklich wir selbst zu sein und unsere eigentlichen Wahrnehmungen frei mitzuteilen.

In unserer Erfahrung war es ganz oft so, dass es uns nicht gelang, in Begegnungen mit anderen Menschen bei uns zu bleiben, und daher dieses nachträgliche Zurückholen des Eigenen so fundamental wichtig ist.

Und immer wieder waren und sind wir darüber erstaunt, wenn wir zum gleichen Zeitpunkt gleiche Dinge spüren und sagen. Da ist kein persönliches Wollen, sondern es geschieht uns.

Ich erinnere mich an einen Vortrag, den wir zusammen besuchten, bei dem 1.000 Menschen da waren und zuhörten. Danach habe ich mich als einziger Mensch unter diesen vielen als irritiert empfunden, weil für mich etwas verwirrend und unpassend war. Es hat mich sehr berührt, als dann überraschenderweise von dir genau darin eine Bestätigung durch dein eigenes inneres Spüren kam. Dieses Erleben wird, wie viele solcher Erfahrungen, tief in meiner Erinnerung bleiben.

Es überrascht mich nicht, dass du gerade dieses Beispiel nennst, weil es auch für mich wie im Reagenzglas gezeigt hat, wie wichtig mir der Austausch mit dir ist. Anderenfalls hätte ich diesen Vortrag mit der Erkenntnis verlassen, dass ich einfach verrückt sein muss, wenn ich als Einziger das so erlebe, begleitet von einer mir wohlbekannten tiefen Traurigkeit. Heute denke ich, dass diese Traurigkeit ein großes Geschenk war und ist, da sie mich immer wieder auf mein wahres Wesen verwiesen hat.

Es ist uns wichtig, nochmals darauf hinzuweisen, dass wir dabei den Vortragenden mit Liebe und Achtung wertschätzten und es uns nicht um ein Verurteilen und Bewerten ging. Wichtig war allein, uns einander unsere Wahrnehmungen und unsere Unterschiedlichkeit zu zeigen und zu verdeutlichen. Dies geht ganz weg vom Außen hin zu unserem Innersten, das hilft, der Wahrnehmung unseres beseelten eigenen Wesens gänzlich zu vertrauen, statt unser Erleben auf andere zu beziehen.

Brauchen – Freiheit statt Abhängigkeit

Unser kontinuierlicher gegenseitiger Austausch war ein wollendes Brauchen und kein müssendes. Dieses Brauchen hat uns in die Freiheit geführt und nicht in die Abhängigkeit.

Wir brauchen uns einander als Menschen, um auf der einen Seite klar gegenseitig die ewige, noch unvollständig verkörperte Seele wahrzunehmen und auf der anderen Seite sich zu bestärken, auf die innere Stimmigkeit zu hören und so mehr und mehr aus dem wahren Selbst heraus zu leben.

Ein menschliches Gegenüber ergänzt Begegnungen mit dem Göttlichen, der Natur, den Tieren oder der Stille. Es hat jedoch eine besondere Qualität, wenn wir Menschen hier auf der Erde in unserer Seelenverbundenheit wirklich füreinander da sind.

Ein Brauchen auf dieser Ebene macht frei, weil es das Innerste bestätigt und bestärkt, sodass es uns wirklich führt und leitet – während das ungute, abhängig machende Brauchen etwas von außen in einem verändern möchte, so, als sei das nicht nur allein von innen her und aus der eigenen Seele heraus möglich. Denn niemand anders kann wissen, wie der jeweils eigene Weg geht und was innerlich der nächste Schritt ist.

Das abhängig machende Brauchen geht von dem – falschen – Bild aus, dass es uns an etwas Elementarem mangelt, was nur durch eine andere Person vervollständigt werden kann. Diese vermeintliche Abhängigkeit vom Außen kann daher auch nie aufhören – sie währt dauerhaft. In jedem von uns lebt jedoch eine von ihrer Herkunft her bereits vollkommene Seele.

Das Brauchen eines Gegenübers auf der Seelenebene liegt darin, uns daran gegenseitig zu erinnern und so in dieser und durch diese Begegnung frei zu werden.

Es gibt ein Alleinsein, das nicht Verlassenheit bedeutet, sondern das Zuhause im tiefsten Eigenen.

Wenn ich zurückschaue, wird mir noch einmal deutlich, dass unser einander Brauchen gegenseitig unser Innerstes so bestärkte und wachsen ließ, dass wir immer mehr in unsere Seele vertrauten und wir so immer mehr auch unsere Unterschiede in der bisherigen Verkörperung wahrnehmen und liebevoll ohne Urteil da sein lassen konnten.

Mich hat immer etwas an dem Bild des einsamen, mangelbehafteten und bedürftigen Menschen gestört, der erst durch eine Beziehung vermeintlich geheilt werden kann. Bei uns durfte ich schönerweise das komplette Gegenteil erleben. Nicht Mangelhaftigkeit war die Basis unseres Austausches, sondern das gemeinsam und wechselseitig wachsende Bewusstsein der schon immer vorhandenen Vollkommenheit in uns. Dafür allerdings habe ich dich gebraucht – über eine lange, lange Zeit.

III. DIE UNTERSCHEIDUNG DER STRUKTUREN

Beginn der Unterscheidung der Strukturen

Wahrnehmungsbestätigung und innere Stimmigkeit haben uns geholfen, das uns mitgegebene wahre Wesen ernst zu nehmen und erstmalig bewusst zu erkennen, dass wir daraus ein wahres Selbst verkörpern könnten. Parallel dazu konnten wir unsere erst im Laufe des Lebens angeeigneten Selbststrukturen immer deutlicher erkennen und beschreiben.

Aus der Bestätigung und Bestärkung der uns mitgegebenen inneren Wahrnehmung erwächst der Boden, uns bewusster wahrnehmen zu können, ohne sich dadurch gefährdet zu fühlen.

Auf der Ebene der Selbststruktur war es für uns wichtig, uns zu unterscheiden, zu hinterfragen, unsere Verschiedenheit zu erkennen und uns so gegenseitig zu helfen, jeweils Worte zu finden, einander die bisherige Überlebensform zu erklären. Während der Auseinandersetzung über das vermeintlich wohlbekannte Ego durften wir lernen, dass es auch eine gänzlich andere und eher wenig beschriebene Überlebensform gibt.

Es ist uns ganz wichtig, dass wir uns einerseits unserer unterschiedlichen Strukturen bewusst werden und diese einander verständlich machen und andererseits schauen, wie Begegnung jenseits unserer bisherigen Strukturen gehen kann. Unsere Erfahrung ist es ja gerade, dass uns überhaupt erst die Distanzierung von uns selbst die Möglichkeit zur bewussten Betrachtung der Struktur bietet, da es einen Unterschied gibt zwischen unserem direkten Erleben und dem Beobachten dieses Erlebens: Wir sitzen am Ufer des Flusses statt nur zu versuchen, im Fluss zu leben und zu überleben. Erst die unendlich oft notwendig wiederholte Bestärkung der Wahrnehmung hat es ermöglicht, hinter die Struktur schauen zu können und sie erstmalig als solche zu erkennen.

Wenn ich in unsere gemeinsame Geschichte schaue, glaube ich aber, dass es eine lange Zeit des Genährtwerdens der Wahrnehmung braucht, bevor wir uns überhaupt trauen, auch mal dahinter zu schauen. Und diese lange Zeit des Betrachtens und Bestätigens muss ohne Bewertung sein.

Für mich brauchte es auch lange Zeit unseres einander Nähren, bis ich überhaupt erst wagen konnte, Worte zu finden, meine eigene Überlebensform zu formulieren, mich darin mehr zu zeigen und in die Unterscheidung gehen zu können.

Strukturen ohne Ausschließlichkeit

Uns ist es ganz wichtig festzuhalten, dass die im Anschluss beschriebenen Konzepte inszeniertes Selbst und durchlässiges Selbst jeweils nur als Ausrichtungen oder Schwerpunkte zu verstehen sind. Denn ein inszeniertes Selbst kennt im Hintergrund in sich das durchlässige Selbst, auch wenn es oft damit nichts zu tun haben möchte, und umgekehrt ist vielen eher durchlässigen Menschen zumindest ab und zu ein inszeniertes Selbst vertraut. Und beide Strukturen spüren und ahnen auch das wahre Selbst.

Es sind natürlich nur Versuche von Beschreibungen, um Selbststrukturen in ihrer Unterschiedlichkeit einmal in Worte zu fassen und sie nicht immer automatisch gleichzusetzen. Und es geht auch nicht darum, sich oder andere darin zu bewerten, sondern es immer bewusster wahrzunehmen und sich so liebevoll mehr zu verstehen.

Beschreibung der psychischen Strukturen

Die beiden Strukturen, die wir bewusst an uns entdeckt haben, nennen wir statt ein Ego das inszenierte Selbst und das durchlässige Selbst. Der Prozess der Bewusstwerdung dieser Strukturen hat sich über eine lange Zeit des Austauschs hingezogen.

Wir möchten gerne an dieser Stelle betonen, dass wir hier mit unseren Schilderungen kein Vorbild sein oder so etwas gar vorsetzen möchten, sondern dass das individuelle Erleben jeweils ganz unterschiedlich sein kann. In unseren Beschreibungen der Strukturen spiegeln sich unsere persönlichen Geschichten wider, und wir möchten dadurch wieder einmal dazu anregen, ganz eigene Beschreibungen zu entdecken.

Das durchlässige Selbst in mir hätte ich anfangs noch gar nicht beschreiben und es bewusst formulieren können. Mir wurde immer klarer, dass ich von außen das Erkennen der Unterschiede in meiner Struktur nicht erwarten konnte und es an mir liegen musste, Worte dafür zu finden und das Anderssein darin zu benennen.

Als inszeniertes Selbst hingegen konnte ich detailliert und wortreich mein Ich beschreiben, welches ich über lange Zeit für mein wahres Selbst hielt. Es war kein Problem, damit sichtbar zu werden und aus diesem Ich heraus in der Welt zu wirken. Erst durch die Wahrneh-

mungsbestätigung wurde mir ganz allmählich der gemachte Charakter meines Selbst bewusst.

Wir sind mit einer klaren Seele geboren, doch haben wir erst eine Psyche als Mittler zu entwickeln, um uns als eigener Mensch auf der Erde verkörpern zu können. Im Unterschied zur mitgegebenen Seele entwickelt sich eine Psyche erst im Laufe des Lebens, sie ist meist maßgeblich von der Biografie bestimmt.

In aller Regel entsteht zunächst eine psychische Struktur, die ein Ich künstlich konstruiert, um so mit dem Leben überhaupt erst einmal zurechtzukommen.

Am Anfang des Lebens ist die Seele in uns ganz offen und so dringen äußere Impulse und Kommentare anderer Menschen ungefiltert in uns ein. Bei diesen Bemerkungen – auch wenn das keinerlei Absicht ist – kann das Eigene sich noch nicht bewahren, und es entsteht ein Ur-Impuls aus dem Inneren, sich nie mehr wirklich ganz in der Seele zu zeigen, um sich so irgendwie zu schützen.

Die Art, sich im Eigenen zu schützen, ist bei diesen beiden Strukturen völlig gegenteilig: das inszenierte Selbst schützt sich durch und in der Sichtbarkeit, das durchlässige Selbst schützt sich durch und in der Unsichtbarkeit. Für beide ist es jedoch keine bewusste Entscheidung, sondern eher ein instinktiver Reflex, um einen Umgang mit dieser fundamentalen Ohnmacht zu finden.

Ich habe gespürt, dass mir ein Impuls mitgegeben war, der automatisch hochkam: „Es darf mir kein zweites Mal passieren, dass ich so schutzlos in meiner Seele ausgesetzt bin!“ Und das hatte als Schutzversuch zur Folge, möglichst unsichtbar zu werden und mich nicht mehr wirklich zu zeigen.

Bei mir ist das keine so klare Erinnerung, sondern eher eine Ahnung, dass ich mich an einem frühen Punkt in meinem Leben entschieden habe, mich auf die Bühne zu flüchten und mich in der Sichtbarkeit der Welt vor eben dieser Welt zu verstecken, zu verbergen, wer ich wirklich bin.

Es gibt in uns Menschen eine ursprüngliche Todesangst, aus der Gemeinschaft zu fallen und nicht überleben zu können, wenn man in der Verkörperung anders ist, als die Familie und die Gesellschaft das wünschen und erwarten. Erst wenn das wahre Selbst einen tiefen Halt aus dem Innersten heraus gibt, können wir wirklich auch im Anderssein mit anderen Menschen zusammenkommen – und das gemeinsame unendliche Größere wahrnehmen.

Beide Strukturen vertrauen nicht in diesen eigentlichen Halt. Unsere psychischen Strukturen teilen die Überzeugung, dass es an uns ist, ein eigenes Ich zu entwickeln und uns dadurch zu beschützen. Es gibt in der Not einen Impuls aus dem Inneren, durch den wir meinen, wir selbst müssten uns schützen, indem wir uns im Eigenen verbergen. Wir beide haben nicht das Vertrauen entwickelt, dass die Verkörperung der Seelenbotschaften der einzige Schutz ist, dessen es bedarf.

Für diesen Schritt brauchen wir ein Gegenüber, um überhaupt erst ein Bewusstsein für die Seelenbotschaften zu entwickeln und so aus ihnen heraus leben zu können. Auf diese Weise entsteht ein Ich, das wir nicht selbst gestalten, sondern welches lernt, sich dem Innersten anzuvertrauen und sich von dort in die Welt hinein zu verkörpern. Diese psychische Struktur muss nichts vermeiden, keine Ohnmacht, keine Verletzung, keine Vernichtung, denn dieses wahre Selbst ist parallel dazu im Kern unverletzlich und ewig. Ein solches wirkliches Ich können wir nicht machen, aber wir können versuchen, uns mehr und mehr darauf auszurichten.

Unsere Seele ist wunderbarerweise ganz unberührt von unserer Biografie – und bleibt es auch für unser ganzes Leben. Die Psyche der beiden hier genannten Strukturen vermittelt lediglich aus dieser Welt in diese Welt. Eine Psyche, die der Seele folgt, übersetzt hingegen die innere Ewigkeit in eine individuelle Verkörperung dieser Welt, indem sie einen liebevollen bewussten Bezug nach innen herstellt.

Übersicht der beiden psychischen Strukturen

Zunächst möchten wir eine vergleichende Übersicht der beiden Konzepte inszeniertes Selbst und durchlässiges Selbst geben, um diese dann in den nächsten beiden Kapiteln noch einmal aus der Sicht des ganz persönlichen Erlebens zu schildern.
Der Vergleich orientiert sich dabei an sechs Perspektiven, die wir beide für kennzeichnend für unsere Strukturen halten. Die eher schematische Darstellung möchte zu einem grundlegenden Verständnis der beiden Strukturen verhelfen.

Perspektive I: Verkörperung/Formhaftigkeit/ Ich-Bildung

Inszeniertes Selbst

Ein inszeniertes Selbst hat eine klare Identität, eine konturierte äußere Form und eine fundamentale Identifizierung mit dem eigenen Körper („Ich bin mein Körper.“).

Die Verkörperung versucht stets, seiner (Ideal-) Vorstellung von sich selbst möglichst nahe zu kom-

Durchlässiges Selbst

Ein durchlässiges Selbst kennt keine klare Verkörperung und Identität durch bewusste äußere Formbildung.

Aufgrund seiner Hochsensibilität spürt es, was Menschen erwarten, wünschen oder brauchen, und so definiert es sich über andere, um auf diese Weise irgend-

men, bleibt dabei jedoch notgedrungen immer gemacht, da diese Vorstellung nicht aus dem Innersten kommt.

Der Schutz des inszenierten Selbst liegt in seiner Sichtbarkeit, es versteckt sich sozusagen auf offener Bühne.

wie ein Ich zu bilden und darin Bindung, Liebe und Zuwendung zu erfahren.

Indem es sich selbst zurückstellt und im Eigenen möglichst unsichtbar wird, versucht es, sich auf der Erde irgendwie zu schützen.

Perspektive II: Dualität

Inszeniertes Selbst

Die Dualität der irdischen Welt erscheint dem inszenierten Selbst als „natürliche“ und einzige Ordnung.

Es nimmt sie daher spiegelnd in sich hinein und nimmt darin wie selbstverständlich eine eindeutige – duale – Position ein.

Durchlässiges Selbst

Ein durchlässiges Selbst ist eigentlich im All-Einen zu Hause und nicht in der Dualität auf der Erde, die dort meist gelebt wird.

Es spürt die Dualität, aber oft fällt es ihm schwer, sich bewusst auf eine Seite zu stellen, da es meist beide widersprüchliche Aspekte versteht.

Perspektive III: Bewertung

Inszeniertes Selbst

Bewertung dient dem inszenierten Selbst als Orientierung für die eigene Identität.

Dabei wird positive Rückmeldung als uneingeschränkt stärkend erlebt und selbst negative Rückmeldung hilft im Sinne der Abgrenzung bei der Identitätsfindung.

Grundsätzlich ist ein inszeniertes Selbst eher positiv selbstbezogen.

Durchlässiges Selbst

Das durchlässige Selbst kennt eine tiefe Verunsicherung, bewertet und dadurch beschämt und beurteilt zu werden.

Es kann andere oft gut verstehen und verteidigen, sich selbst aber meist nicht, da es in der Regel in seinem Eigenen weder von sich noch von anderen wirklich erkannt und verstanden ist.

Grundsätzlich ist ein durchlässiges Selbst eher negativ auf sich selbst bezogen.

Perspektive IV: Selbstbehauptung

Inszeniertes Selbst

Das inszenierte Selbst weist einen starken Durchsetzungswillen in Rich-

Durchlässiges Selbst

Dem durchlässigen Selbst ist die Selbstbehauptung kaum bekannt; es stellt

tung seiner eigenen Vorstellungen auf; es versucht, sich und die Welt zu kontrollieren.

Es ist stets bereit zum Kampfe und sucht Bestätigung, indem es recht haben will. Dafür setzt es auch bereitwillig die ihm wohlvertraute Wut ein.

sich meist schnell zurück und versucht, unsichtbar zu werden, um Angriffe zu vermeiden und dadurch alles recht zu machen.

Es möchte weder streiten noch kämpfen, nur in echten Notfällen kommen manchmal überhaupt ein Nein oder eine Wut innerlich zum Vorschein.

Perspektive V: Gefährdung

Inszeniertes Selbst

Das inszenierte Selbst erlebt Schmerz – im Sinne des von ihm unerwünschten Teils der Dualität –, wahlweise als Demütigung oder Bedrohung, und versucht daher stets, ihn zu vermeiden.

Es besteht eine tief sitzende Angst vor Vernichtung durch den inneren Abgrund, insbesondere in Zeiten von Kraftlosigkeit.

Durchlässiges Selbst

Das durchlässige Selbst fühlt sich schnell schmerzlich bedroht, aber es weiß nicht, das auszusprechen und zu zeigen.

Da es keine wirkliche körperliche Hülle und Abgegrenztheit kennt, dringt schnell alles Äußere innerlich ein, so dass oft nur noch Fremdbestimmung wirkt.

Daher ist die Gefahr, in einen Abgrund zu stürzen, immer wieder sehr groß.

Perspektive VI: Kontakt zur Seele

Inszeniertes Selbst

Um die Inszenierung nicht zu zerstören, bedarf es der Opferung des inneren Kontaktes zur Seele, d. h., das inszenierte Selbst muss seine tiefere innere Anbindung zumindest stückweise verdrängen.

Dennoch kennt es auch das Gefühl von innerer Leere, die entweder unbewusst bleibt oder gleichfalls verdrängt werden muss.

Um zum wahren Selbst zu gelangen, muss das inszenierte Selbst sich selbst verlustig gehen, was als sehr bedrohlich erlebt werden kann.

Durchlässiges Selbst

Das durchlässige Selbst kennt seine Seele, doch ist sie im Inneren oft wie durch eine Glasscheibe getrennt und so nicht wirklich lebbar. Alleine, in der Natur oder bei Tieren ist das Wissen um die Seele und das eigentliche Zuhause oft da, aber sich bei Menschen darin verkörpert zu zeigen, ist meist nicht möglich.

Das wahre Selbst ist dem durchlässigen Selbst sehr nahe, doch braucht es ein Gegenüber in Seelenverbundenheit, um darin wirklich zu verkörpern.

Das inszenierte Selbst im persönlichen Erleben

Perspektive I: Verkörperung/Formhaftigkeit/ Ich-Bildung

Die Formhaftigkeit dieser Welt tritt uns gegenüber und fordert uns dazu heraus, auf sie formhaft zu reagieren. Ich kann dieser Konfrontation zunächst nichts entgegensetzen. Es gibt zwar eine Seele in mir, aber sie ist noch nicht verkörpert; sie hat noch keine Form, mit der ich der Welt begegnen könnte. Vielmehr empfinde ich in mir eine Leere, die noch keine Antwort auf diese Form hat. Diese so schrecklich vertraute Situation setzt mich enorm unter Druck: Ich kämpfe um mein Überleben, mein Dasein, meine Existenz. Die Frage, die für mich über allem schwebt, ist: „Wie geht Form? Was ist meine Form?" An diesem Punkt gab es so etwas wie eine innere Einflüsterung: „Du schaffst es nicht allein. Ich helfe Dir!"

Die „Lösung" des inszenierten Selbst in dieser Notlage besteht in dem Verstecken meiner Leere in der Form. Ich versuche, mir die Form untertan zu machen, indem ich sie kontrolliere. Ich schwinge mich zum – vermeintlichen – Schöpfer und Lenker meines eigenen Schicksals auf und überwinde so die mir unerträgliche Ohnmacht der Formlosigkeit.

Die Herausforderung für das inszenierte Selbst ist es, hinter diese als Normalität erlebte Welt der inszenierten

Form zu schauen, die ausschließliche Fixierung auf die Form zu erkennen, zu hinterfragen und schlussendlich zu überwinden.

Perspektive II: Dualität

Zur Verkörperung eigne ich mir die Regeln der Form der äußeren Welt an. Ich spiegele die Dualität der äußeren Welt in mein Inneres hinein und versetze mich so in die Lage, das Spiel der Form mitzuspielen. Das inszenierte Selbst ist dementsprechend zutiefst dual.

Ich springe auf die Bühne und inszeniere – mich. Ich kontrolliere meine Form, um die Form der Welt zu kontrollieren. Ich mache mir die Formhaftigkeit der Welt zu eigen und werde ganz Form. In dieser Weise passe ich mich in die äußere Welt ein, die sich für mein wahres Wesen gar nicht zu interessieren scheint.

Perspektive III: Bewertung

Die hereingenommene Dualität verleiht dem inszenierten Selbst einen sehr starken Halt in dieser Welt. Es gibt klare Formen, konturierte Rollen, pointierte Bewertungen: eindeutig richtige Verhaltensweisen und eindeutig falsche. Das inszenierte Selbst hält einen ganzen Kosmos an Orientierungspunkten bereit, für mich selbst und für alle meine Gegenüber – und umgekehrt bestätigen und bestärken die äußeren Orientierungspunkte unaufhörlich meine inneren.

Dabei steigert die bewertende Abgrenzung zu anderen das Ich-Gefühl des inszenierten Selbst. Es kommt mir bisweilen vor wie ein auf fatale Weise sich stets aufs Neue erschaffendes gegenseitiges Referenzsystem.

Hier ist es für mich ganz wichtig festzuhalten, dass die fehlende Bewertung des wahren Selbst für ein inszeniertes Selbst schwer bis gar nicht verständlich ist. Da diese Struktur ganz auf Identifikation und Bewertung aufbaut, scheint deren Abwesenheit schlichtweg unwahrscheinlich oder man hält sie für vorgeschoben, was einem im Leben mehrheitlich auch immer wieder aufs Neue bestätigt wird. Denn die reine Bewertungslosigkeit des wahren Selbst wird zu selten erlebt, als dass man ihr trauen könnte.

Perspektive IV: Selbstbehauptung

Der „Vorteil“, den die Struktur des inszenierten Selbst nach meiner Erfahrung bietet, ist der Umstand, dass man darin ungeheuer viel Bestätigung in der Welt erfährt, da dieser Überlebensmodus sehr dominant zu sein scheint. Ein inszeniertes Selbst geht darüber hinaus davon aus, dass alle Menschen diesen Ausweg aus der seelischen Not wählen. Das inszenierte Selbst wird als der Normalfall erlebt, andere Möglichkeiten nicht erwogen. Nur was für mich formhaft sichtbar wird, existiert; alles Unsichtbare, Ungeformte gerät wortwörtlich erst gar nicht ins Gesichtsfeld.

Mir ging es immer um die Sichtbarmachung meines Ichs. Das fühlte sich sehr natürlich, selbstverständlich und letztlich stimmig an, um mich zu sichern und zu bewahren. Aber letztlich war mein wahres Selbst für mich selbst und andere unsichtbar, weil es sich hinter dieser nur vermeintlichen Sichtbarkeit zu verstecken wusste. Es ist wichtig festzuhalten, dass mein damaliges Gefühl von Stimmigkeit sich gerade nicht aus einer wirklichen inneren Stimmigkeit speiste, sich aber fatalerweise genau so anfühlte.

Perspektive V: Gefährdung

Mein inszeniertes Selbst gibt sich selbst stark, aber es hängt lediglich an dem dünnen Faden des notwendigen Vergessens seiner wahren inneren Natur. Es fühlt sich somit stets vom Leben bedroht. Der Abgrund der – vermeintlichen – Leere ist immer nur einen Schritt weit entfernt.

Schönerweise konnte ich auf Dauer nicht das Wissen um und die Sehnsucht nach dem wahren Selbst unterdrücken.

Perspektive VI: Kontakt zur Seele

Das noch ungeformte wahre Selbst muss für das Funktionieren des inszenierten Selbst geopfert werden, damit sich die Gemachtheit und das Gefühl von Kontrolle nicht als Lug und Trug offenbaren. Dieses Vergessen

bedarf enormer und unablässiger Anstrengung und ist somit immer gefährdet, gerade wenn die persönlichen Kräfte schwinden.
Gleichzeitig gibt es bei mir auch eine große Sehnsucht, hinter die inszenierte Form schauen zu können und eine Begegnung auf der seelischen Ebene einzugehen – aber das ist unendlich schwer, weil die Form so oft den Weg dorthin zu verstellen scheint. Es gibt immer wieder diese Momente von schierer Verzweiflung, wo ich Menschen betrachte und so gerne mehr sehen würde als ihre Hülle. Die Form scheint dann wie ein unüberwindliches Hindernis vor dem Formlosen zu stehen, so als gäbe es nichts als Form und ich bin ihr Gefangener. Ich verliere mich geradezu in einer Welt aus inszenierter Form.

Das Bild der Not, das dazu in mir aufsteigt, ist ein am Boden liegendes Kind, welches von einer riesigen Kugel aus steinerner Formhaftigkeit erdrückt wird. Es gibt kein Entrinnen aus dieser Form, so scheint es mir in diesen dunklen, schweren Momenten. Das Bild der Sehnsucht ist ein wohlmeinender Mensch, der – endlich – mal den Vorhang zur Seite zieht und sich für den Menschen auf der Bühne interessiert und nicht nur für seine Rolle.

Das durchlässige Selbst im persönlichen Erleben

Perspektive I: Verkörperung/Formhaftigkeit/ Ich-Bildung

Ich merke, wie es mir, die ich zum Überleben auf der Erde ein durchlässiges Selbst gebildet habe, ein immer größeres Anliegen wird, die innere Logik und die Tiefe dieser Struktur bewusster zu machen und so auch andere Menschen im Verstehen darin zu bestärken und zu unterstützen.

Als ich geboren wurde, war ich in der Welt der Seele zu Hause; aber da ich kein wirkliches, mich darin wahrnehmendes Gegenüber hatte, wusste ich nicht, wie es gehen könnte, daraus zur wirklichen Gestalt zu finden und mich im eigenen Selbst zu verkörpern. Ich weiß heute, dass mir der klare Geist von Geburt an eigentlich mitgegeben und alles spätere Wissen eigentlich schon da war.

Da die Seele ganz offen war, aber es noch keine Fähigkeit gab, sich darin zu wahren, drang von außen alles an Kommentaren, selbst wenn sie gut gemeint waren, in das Innere ein.

Es entstanden so schnell Scham, Fremdbesetztheit und ein tiefer Schmerz, die den Entschluss zur Folge hatten, sich als einzig möglichen Schutz nie mehr wirklich ganz offen zu zeigen, weder im Leid noch in der Seele.

Ein durchlässiges Selbst versucht als Überlebensform, sich selbst möglichst unsichtbar zu machen, um nicht aufzufallen, nicht kritisiert zu werden und sich so zu schützen. Durch seine hohe Sensibilität nimmt es sofort wahr, wie es anderen Menschen geht, aber sich selbst stellt es zurück. Indem es ganz schnell deren Erwartungen, Vorstellungen und Wünsche spürt, beginnt es, sich darüber zu definieren und so zu sein, wie andere es als Gegenüber haben möchten.

Dieser Versuch führt oft dazu, Liebe und Zuwendung zu bekommen und Bindung zu erfahren, aber er macht es immer schwieriger, sich selbst wirklich zu zeigen.

Natürlich merkte ich früh, dass die meisten anderen Menschen anders als ich ein inszeniertes, sich selbst meinendes und darstellendes Selbst hatten. Ich bewunderte das oft und versuchte und bemühte mich, es nachzuahmen und auch so zu sein, aber es gelang einfach nicht. Inzwischen weiß ich, dass für Menschen mit einem durchlässigen Selbst das oft nicht gelingt und das wahre Selbst der einzige gangbare Weg ist.

Perspektive II: Dualität

Immer wenn ich mich bemühte, wie andere eine klare duale Stellungnahme zu haben, merkte ich, dass ich meist auch die Gegenteiligkeit verstand und so den üblichen Urteilen gar nicht folgen konnte. Deshalb fehlte auch oft eine deutliche eigene Position.

Oft fühlte ich mich wie von einem anderen Planeten kommend, ohne zu wissen, wie ein wirkliches Verkörpern auf dieser Erde gehen könnte.

Perspektive III: Bewertung

Groß war die Urangst und tiefe Verunsicherung vor einer Bewertung im Eigenen, weshalb etwas als Schutz versuchte, möglichst unsichtbar zu sein, alles so gut wie möglich recht zu machen und den Erwartungen anderer zu entsprechen. Denn selbst wenn andere es mir gegenüber gut meinten, kamen von ihnen meist Kommentare und Ratschläge, aber kein wirkliches Wahrgenommensein.

Andere erzählten mir oft stundenlang von sich, aber ich selbst wurde nicht wirklich erkannt und bestärkt.

Manchmal war auch etwas in mir neidisch auf die scheinbare Klarheit anderer, mit welcher Selbstverständlichkeit sie Bewertung und Urteile als Orientierungspunkte hatten.

Perspektive IV: Selbstbehauptung

Als durchlässiges Selbst kannte ich keine innere Grenze und kein wirkliches Nein zur Selbstbehauptung, nur selten erschienen sie in ganz großer Not. Aber es fiel mir immer wieder schwer, damit da zu sein und mich wirklich zu zeigen. .

Die Wut kam selten hervor, eher war der Schmerz dahinter immer wieder sehr nahe, doch konnte auch er nicht wirklich gesagt und gezeigt werden.

Durch die Durchlässigkeit gab es noch kein eigenes Ich im Körper, das so eine Schutzhülle und Kontur ermöglicht hätte, sich im Eigenen zu wahren und zu behaupten, statt dass immer wieder aufs Neue Fremdes eindringen konnte.

Die Vorschläge anderer, doch zu streiten und recht haben zu wollen, waren nicht wirklich machbar und sinnvoll für mich. Etwas spürte tief, dass dies für mich nicht der Weg sein konnte.

Perspektive V: Gefährdung

Da ein durchlässiges Selbst noch nicht wirklich im Eigenen verkörpert ist und dadurch keine innere Abgegrenztheit kennt, dringt schnell alles Äußere ein, sodass oft nur noch Fremdbestimmung und Besetztsein wirken – und die Hölle sehr nahe ist.

Daher ist die Gefahr, in einen vernichtenden Abgrund zu stürzen, immer wieder sehr groß.

Der Selbstbezug kann ganz verloren gehen, weil man sich falsch, völlig verlassen und im Eigenen vernichtet fühlt.

Inzwischen bin ich sehr berührt, die Hölle so gut zu kennen und sogar davon schreiben und zum Wissen darum nun stehen zu können.

Perspektive VI: Kontakt zur Seele

Ich habe von Beginn meines Lebens an von der Seele und dem Größeren in mir und um mich herum gewusst. Wenn ich alleine oder in der Natur war, war alles gut und ich spürte ein ganz offenes Herz. Aber es gab keine Möglichkeit, mich darin wirklich zu zeigen und verstanden zu sein.

Auf diese Weise entstand früh eine Widersprüchlichkeit – so, dass einerseits die Tiefe spürbar war, aber es andererseits nicht möglich war, sich darin wirklich zu verkörpern und daraus zu leben.

Und manchmal war dann der tiefe Selbstbezug auch ganz verschwunden und alles fremdgesteuert und besetzt.

Etwas war im Größeren zu Hause, aber es war unklar, darin zur wirklichen eigenen Form finden zu können. Als durchlässiges Selbst kannte ich das All-Eine, aber nicht die Verkörperung im wahren Selbst hier auf der Erde.

Begegnung der unterschiedlichen Strukturen

Das inszenierte Selbst geht meist stillschweigend davon aus, dass alle Menschen ein inszeniertes Selbst haben. Es ist sich der grundsätzlichen Andersartigkeit des durchlässigen Selbst nicht bewusst. Daher handelt es einem durchlässigen Selbst gegenüber genau so, wie es das mit einem inszenierten Selbst tut.

In meiner Erinnerung hat es eine lange Zeit gebraucht, bis deutlich wurde, dass das durchlässige Selbst eine fundamental andere Überlebensstruktur als das inszenierte Selbst ist. Ich habe da lange meiner Überzeugung angehangen, dass du anders bist, aber letztlich eben doch ein inszeniertes Selbst wie ich. Dahinter steckt für mich kein böser Wille, aber die Strategie der Unsichtbarkeit des durchlässigen Selbst funktioniert so gut, dass die Struktur als solche irgendwie unterhalb meiner Wahrnehmungsschwelle geblieben ist.

Für mich hat es Zeit und Mut gekostet, Worte zu finden, wie anders ich mich oft in meiner Struktur gefühlt habe. Denn ich wollte ja auf keinen Fall kritisieren, habe das inszenierte Selbst oft in seinen Inszenierungen bewundert. Aber da es sich automatisch ganz schnell in den Vordergrund stellte, konnte mein Anderssein lange Zeit gar nicht da sein und bewusst wahrgenommen werden.

Uns wurde immer klarer, dass ein inszeniertes Selbst von seiner Struktur her gar nicht das wirkliche Anderssein des Gegenübers spüren kann, weil es den Schwerpunkt auf sich selbst gesetzt hat.

Letztlich ist die Erwartung des inszenierten Selbst an das durchlässige Selbst die folgende: Lerne, dich zu zeigen, damit ich dich wahrnehmen kann! Oder – anders formuliert: Werde so wie ich!

Mir wurde immer klarer, dass ich offensichtlich selbst aus der Sprachlosigkeit heraus Worte für mich im durchlässigen Selbst finden musste, um so sichtbar zu werden und in die Unterscheidung zu gehen.

Anziehung und Bedrohung

Ohne dass es uns damals schon bewusst gewesen wäre, haben sich unsere beiden Strukturen angezogen, wie es oft bei gegensätzlichen Eigenschaften ist.

Damit wird auch sogleich deutlich, dass sich inszeniertes Selbst und durchlässiges Selbst einerseits ergänzen und auf der anderen Seite fundamental bedrohen können.

Interessanterweise scheint uns ein inszeniertes Selbst eher bei Männern verkörpert zu sein, indem Selbstwert, Streiten und das Einstehen für sich selbst erwachsen, während Frauen oft emotionaler, ängstlicher und verletzlicher sind und so eher ein durchlässiges Selbst leben. Aber dennoch ist es nicht verallgemeinerbar, denn auch Frauen kennen das inszenierte Selbst und Männer die Durchlässigkeit.

Anziehung

Ich war oft neidisch auf das inszenierte Selbst, weil es eine klare Struktur hinbekommt und sich darin zeigt, und mir gelang das nicht.

Ich bin neidisch auf das durchlässige Selbst, weil es von der Tiefe weiß, gegen die ich mich entschieden hatte.

Mich hat angezogen, dass du viel mehr als ich bei dir warst und nicht immer wie ich nur bei den anderen gespürt hast. Dein Nein hat mir so gefallen. Ich habe dich nicht als untergeordnet wahrgenommen, sondern in deinem klaren eigenen Standpunkt gespürt.

Für mich lag die Anziehung darin, dass du mir zuhören konntest in einer Tiefe, die mir bis dato unbekannt war. Und vor allem hast du nicht sofort Lösungen angeboten, die mich von dem weggebracht hätten, worum es in einem solchen Moment erst einmal ging: wirkliches Zuhören.

Weil du mir deine Verkörperung vorgelebt hast, hast du mir geholfen zu spüren, was es heißt, sich zu zeigen, und so hast du mir mehr Sicherheit gegeben, bei mir bleiben zu können und mehr in mich zu vertrauen.

Und du hast mir ein Vorbild für das Sein in unserer wahren Tiefe gegeben. Du hast meinen Schmerz mit mir aushalten können, ohne etwas damit tun zu müssen. Verkörperung als solche kannte ich natürlich schon gut, aber eben nicht die Verkörperung meines wahren Selbst.

Ein inszeniertes Selbst bietet dem Gegenüber Halt, Sicherheit, Orientierung und Festigkeit. Es bewältigt in der Regel den Alltag gut, hat oft klare Positionen, ist in seiner Form spürbar vorhanden. Das durchlässige Selbst dagegen passt sich gerne an, ist bereit, nachzugeben und sich zurückzustellen. Es enthält ein tieferes Spüren und Wahrnehmen, hat meist mehr Mitgefühl und Verständnis, was oft sehr geschätzt wird – nur ist dabei die eigene Form meist eher unsichtbar.

Bedrohung

Während sich auf der einen Ebene das inszenierte und das durchlässige Selbst einander anziehen und daraus auch oft eine Beziehung entstehen kann, entsteht auf der anderen Ebene früher oder später auch eine gegenseitige Bedrohung.

Das bedrohte inszenierte Selbst

Für das inszenierte Selbst kann das durchlässige Selbst mit seinem „unbekümmerten" und selbstverständlichen Umgang und Zugang zur Tiefe eine enorme Bedrohung darstellen. Damit könnte es unwillentlich ins Grauen abstürzen. Es braucht ganz viel Verständnis, um sich – in seinem Tempo – für die Tiefe überhaupt öffnen zu können und nicht in eine Blockadehaltung zu kippen.

Es wird mir immer klarer, wie sehr sich ein inszeniertes Selbst offensichtlich Sicherheiten und Kontrolle geschafft hat, die es ständig am Verteidigen und Bewahren ist, um nicht abzustürzen und die Form zu verlieren.

Ich fühle mich bedroht durch das durchlässige Selbst, weil es mich an die Gemachtheit meines inneren Halts erinnert, der eben kein wirklicher Halt ist.

Ich kann gut verstehen, dass dieses unbeabsichtigte Bedrohen durch die Tiefe Verständnis braucht. Es ist so wohltuend, wenn das ausgesprochen ist, wie es einem inszenierten Selbst damit geht. Denn das wird ja in aller Regel nicht so erklärt, sondern es entsteht nur vehemente Ablehnung.

Es ist spannend, dass Tiefe für eine gemachte Form wie das inszenierte Selbst mit Grauen und Abstürzen zu tun hat, während sie ja für ein durchlässiges Selbst endlich mal keinen Absturz, sondern Halt und Schutz bedeutet. Das heißt ja, Tiefe kann eine inszenierte Form auflösen, während sie dem durchlässigen Gegenüber endlich zur Form verhelfen kann. Gleichzeitig ist dem durchlässigen Selbst die Tiefe so sehr das Zuhause, dass es ihm schwerzufallen scheint zu verstehen, dass das ein Gegenüber auch fundamental bedrohen könnte.

Es scheint eine tragische Verstrickung zu sein, dass wir uns gerade mit dem gegenseitig bedrohen können, was unser jeweiliges bisheriges Zuhause ist. Und uns ist erst beim Schreiben deutlich geworden, wie sehr auch ein inszeniertes Selbst sich durch ein durchlässiges Selbst als Gegenüber bedroht fühlt – bis zur Vernichtung der Existenz. Das inszenierte Selbst wiegt sich hier in der ihm eigenen falschen Sicherheit und will genau diese nicht infrage gestellt sehen, denn das hieße Ohnmacht und Kontrollverlust.

Für mich scheint es aber einen Unterschied zu geben, wie wir mit der Bedrohung durch ein Gegenüber umgehen. Als inszeniertes Selbst habe ich eine Haltestruktur, die beispielsweise durch die Einladung in die Tiefe durch ein durchlässiges Selbst erschüttert werden kann, sich aber meistens schnell wieder fängt, sodass die Handlungsfähigkeit in dieser Welt wiederhergestellt ist.

Das durchlässige Selbst hingegen gerät in die Fassungslosigkeit und einen ganz tiefen Schmerz, nicht wahrgenommen und bewertet worden zu sein, und es läuft in Gefahr, sich ganz zu verlieren.

Mir fällt es sehr schwer, mir vorzustellen, wie man Fassungslosigkeit überhaupt aushalten kann. Letztlich setze ich Fassungslosigkeit mit Vernichtung gleich. Dass man sich gerade in der Fassungslosigkeit von Mensch zu Mensch begegnen könnte, ist schier unglaublich. Und – es ist eine große Sehnsucht, sich nicht mehr ständig so bemühen zu müssen, den Schutz aufrechtzuerhalten.

Fassungslosigkeit und Ohnmacht können dazu führen, dass eine bisherige Struktur nicht mehr hält und wegbricht. Auf diese Weise kann eine Verbindung auf der Seelenebene entstehen, wenn jemand mit uns wirklich dabei ist. Aber wenn es diese Art der Begleitung nicht gibt, kann die Fassungslosigkeit eine wirklich grauenhafte und traumatische Erfahrung sein.

Das bedrohte durchlässige Selbst

In aller Regel wird ein durchlässiges Selbst nicht in seiner Unterschiedlichkeit wahrgenommen und im Eigenen liebevoll gehalten und gemeint. Meist erlebt es, dass das inszenierte Selbst es nicht wirklich sieht und versteht – so, dass es weder im innersten Schmerz noch in der größeren Tiefe einfach da sein kann.

Oft ist es für ein durchlässiges Selbst anstrengend und schwer aushaltbar, wenn Menschen bei einem gemeinsamen Treffen nur von sich selbst sprechen, ganz schnell kommentieren und eine wirkliche Tiefe nicht kennen oder mögen. Da wirklicher Kontakt auf dieser Ebene fehlt, fühlt man sich da ganz schnell einsam und unverstanden.

Die oft gut gemeinten Ratschläge eines inszenierten Selbst gehen in aller Regel davon aus, vom Kopf her an sich zu arbeiten, sich zu verändern und vorgegebenen Ideen und Vorstellungen zu folgen. Schnell fühlt das durchlässige Selbst sich so dominiert und nicht wirklich gesehen und wahrgenommen, sodass es dann verstummt und immer unsichtbarer wird.

Da dem inszenierten Selbst Kommentare, Urteile und Interpretationen als Verortung des Eigenen und Angebot der Auseinandersetzung mit einem Gegenüber dienen, ist es sich der wirklichen Zerstörungskraft dieses Handelns in keiner Weise bewusst. Es wird unschuldig

schuldig. Es kann sogar so weit gehen, dass die im Ergebnis zerstörerischen Äußerungen einem tiefen inneren Wunsch des inszenierten Selbst entspringen, dem durchlässigen Selbst als Gegenüber zu helfen.

Leider kann ein durchlässiges Selbst meist noch keine Worte für sich selbst finden, dass es eine vollkommen andere Hilfestellung und ein echtes Gegenüber bräuchte. Auf diese Weise sind heftigste Depression und letztlich sogar ein Landen in der Psychiatrie möglich, denn das subjektiv gut Gemeinte von außen fühlt sich oft an wie ein eindringendes Schwert.

Die Einladung, die das inszenierte Selbst in bester Absicht dem durchlässigen Selbst gegenüber aus seiner Sicht heraus ausspricht, der Ohnmacht, der Hilflosigkeit und dem Gefühl des Ausgeliefertseins zu entkommen, funktioniert für das durchlässige Selbst nicht wirklich – im Gegenteil. Denn was es braucht, ist keine gemachte, vom Kopf her willentlich inszenierte Struktur, sondern eine Wahrnehmung in der Seele und ein Ermutigen zum wahren Selbst.

Gleichzeitigkeit von Anziehung und Bedrohung

Das oben Beschriebene zeigt für uns ganz deutlich, dass Anziehung und Bedrohung ganz nahe beieinander sind. Die Aspekte, die uns anziehen, sind dieselben, die uns auch beim Gegenüber bedrohen, zumindest so lange, wie die Unterschiedlichkeit nicht durch eine Seelenbegegnung gehalten wird.

In mir berührt das durchlässige Selbst gleichzeitig meine tiefe Sehnsucht, mir selbst auf den Grund zu gehen, und andererseits die fundamentale Angst vor eben dieser Tiefe. Die Befürchtung liegt darin, dass ich auf dieser Reise einen Teil oder sogar meine gesamte bisherige Haltestruktur aufgeben müsste und somit die Kontrolle über mich und mein Handeln verlöre. In meinem Bild sitzt das durchlässige Selbst dort ganz ruhig in dieser so beängstigend-verlockenden Tiefe und harrt meiner, und wenn ich auf dieses Angebot eingehe, wird es mich vernichten.

Immer wieder habe ich erlebt, dass Menschen einerseits mit mir in die Tiefe gehen wollten, aber andererseits dann total stoppten und sich keinesfalls dort wirklich mit mir aufhalten konnten, sondern ihr Zuhause wieder in der vertrauten Oberflächlichkeit suchten. Und ich finde es wichtig, dass auch das liebevoll verstehbar ist.

Auflösung der Struktur – Fassungslosigkeit

Auch wenn ein inszeniertes Selbst stabil und souverän wirkt, weiß es innerlich um eine potentielle Bedrohtheit seiner Form und kämpft daher schnell, um diese zu vermeiden und zu verhindern. Es weiß mehr Wege, sich so gut wie möglich zu bewahren und zu stabilisieren, als ein durchlässiges Selbst, das seine Unfestigkeit und ständige Gefährdung kennt.

Wenn ein inszeniertes Selbst dennoch die Auflösung seiner bisherigen Struktur erlebt, kann dies Panik auslösen, denn das, was bisher Halt gab, zerbricht und man fällt ins Nichts. Es kann in eine innere Leere werfen, was vor allem dann entsetzlich und traumatisch ist, wenn nicht um die Unzerstörbarkeit der Seele gewusst wird.

Ein durchlässiges Selbst ist lange nicht so fest identifiziert mit seiner Form und dem, wer es meint zu sein. Es ist vertrauter mit innerlicher Auflösung, Eindringen von Fremdem, mit Hilflosigkeit und Ohnmacht. Statt als Halt sich über Erwartungen und Erfüllung von Vorstellungen anderer weiter zu stabilisieren, kann es die Tiefe der eigenen Seele spüren.

Das durchlässige Selbst ist für mich Schrecken und Sehnsucht zugleich. Wenn ich unwillentlich ins durchlässige Selbst stürze, weil mir meine übliche Haltestruktur des inszenierten Selbst plötzlich nicht mehr zur Verfügung steht, zum Beispiel in schwer auszuhalten-

den Erfahrungen, kann sich das wie das pure Grauen anfühlen. Da ich dort nicht zu Hause bin, erlebe ich die dort herrschende Formlosigkeit als bedrohlich. Nichts gibt mir mehr Halt, ich finde nirgendwo Orientierung, ich bin im Nichts und bin damit auch nichts. Da mein Halt äußerer Referenzpunkte bedarf, suche ich dort im Außen verzweifelt nach irgendetwas, was mich zurückführt in die gewohnte Struktur des inszenierten Selbst.

Denn wie schon mehrfach beschrieben, ist Formlosigkeit für das inszenierte Selbst eine entsetzliche Erfahrung, da sie mich als Ich existentiell mit Vernichtung bedroht. Es ist also ursprünglich eine – für das inszenierte Selbst – unerträgliche Erfahrung, die mich abstürzen lässt in die grauenhafte Erfahrung der Formlosigkeit. In meiner eigenen Erfahrung ist dabei die Formlosigkeit die weitaus schlimmere Erfahrung, weil sie mir alles entzieht, was mir Halt geben könnte. Selbst eine unerträgliche Erfahrung, so unaushaltbar sie mir im Moment des Erlebens auch erscheinen mag, vermag mir noch Form zu verleihen – ich erlebe diese Erfahrung ja noch als unerträglich und habe somit einen Anker in der „Wirklichkeit“. Und – ich habe durch die Wahrnehmung der Unerträglichkeit noch einen Hauch von Kontrolle, die für das inszenierte Selbst so überlebenswichtig ist.

Einem inszenierten Selbst könnte es innerlich näher kommen und verstehbarer werden, wie tief bedroht eine Durchlässigkeit ist, wenn seine Struktur zurückginge.

Aber ganz offensichtlich wurde schon ganz früh im Leben beschlossen, nie mehr schutzlos und ausgeliefert zu sein und so durch eine gemachte Form ein Leben lang über alles Kontrolle zu behalten. Und dennoch gibt es in jedem Menschen eigentlich eine ursprünglich unaushaltbare und unerträgliche Erfahrung, die sich ohne wirklichen tieferen Halt als existenziell vernichtend anfühlt. Ein durchlässiges Selbst ist damit vertraut und hat auf ganz andere Art versucht, damit zurechtzukommen.

Im Unterschied zum inszenierten Selbst spürte etwas in mir, dass es ein tieferes Zuhause in mir gibt, und ich suchte ein Gegenüber, um zu helfen, daraus zu leben – und nichts Schlimmes einfach wegzumachen und darüber wegzugehen.

Unterschiede im Übergang zum wahren Selbst

Das wahre Selbst liegt jenseits unserer bisherigen psychischen Strukturen und ist damit davon gänzlich frei. Der Übergang jedoch hin zum wahren Selbst unterscheidet sich zwischen inszeniertem Selbst und durchlässigem Selbst. Hier wirkt das individuelle Überlebensmuster noch weiter.

Es ist uns wichtig festzuhalten, dass allein das Bewusstsein um das wahre Selbst bereits schon etwas an uns ändert – wir müssen nicht vom Kopf her an uns „arbeiten". Allerdings kann der Kopf den Botschaften aus der Seele dienen lernen.

Der Übergang beim inszenierten Selbst

Das erste Wort, das bezüglich dieses Übergangs in den Sinn kommt, ist Verlust. Ein inszeniertes Selbst gibt ja seine völlig alltagstaugliche Struktur auf, eine Struktur, die es erlaubt hat, mit der Welt der Form einen – in der Regel – erfolgreichen Umgang zu pflegen. Diese gewollte und gemachte Form heißt es aufzugeben für etwas, was noch gänzlich unbekannt ist – mehr Ahnung oder Sehnsucht als in irgendeiner Weise greifbar.

Da das inszenierte Selbst das wahre Selbst zwar manchmal kennt, für das Funktionieren in dieser Welt aber verleugnet, fällt der Übergang umso schwerer. Es ist keine langsame Anpassung oder ein teilweises Ändern, währenddessen das inszenierte Selbst noch die Kontrolle aufrechterhält, sondern der sprichwörtliche Sprung ins Nichts. Von der Bereitschaft zu diesem Wagnis hängt es ab, ob der Übergang gelingen kann.

Dabei kann es sehr wohl ein zeitweises Hinübergleiten zum wahren Selbst und anschließendes Zurückfallen ins inszenierte Selbst geben, aber letztlich ist es immer wieder aufs Neue ein Sprung, ein Aufgeben der Kontrolle über das eigene Leben. Der Übergang zum wahren Selbst ist für das inszenierte Selbst im eigenen Erleben eine Selbstaufgabe bzw. eine Auslöschung – aus der Perspektive des wahren Selbst die erste wirkliche Geburt.

Es bedarf ganz viel Anerkennung dafür, wie schwierig dieser Übergang für das inszenierte Selbst ist. Die Andersartigkeit des wahren Selbst ist für das inszenierte Selbst im wörtlichen Sinne unvorstellbar. Es versucht teilweise, das wahre Selbst als Konzept in seine bisherige Struktur einzubauen, was nicht gelingen kann. Es braucht das Sterben des inszenierten Selbst für die Geburt des wahren Selbst. Wieder einmal darf es hier keinerlei Bewertung geben, wenn dieser Übergang noch nicht oder nur zeitweise gelingen mag.

Wie sehr sich das wahre Selbst vom inszenierten Selbst unterscheidet, kann ich letztlich nur vom wahren Selbst aus verstehen. Immer wieder wundere ich mich, dass ein Leben aus dem wahren Selbst heraus so fundamental anders ist, und ich habe ganz stark das Gefühl, dass ich hier noch lange nicht am Ende des Staunens und Lernens angekommen bin. Gleichzeitig verstehe ich immer besser, dass es da ganz viel Mitgefühl für das inszenierte Selbst braucht. Es ist viel verlangt, sich opfern zu müssen, ohne zu wissen, was man dafür bekommt.

Konkret fallen plötzlich vormals alltägliche Dinge schwer, sind mühsam oder unerwartet angstbehaftet. Nicht nur fehlt die gewohnte und vertraute Souveränität im Umgang mit der Welt, sondern plötzlich tauchen ganz unvermittelt Angst, Zweifel und Unsicherheit auf. Man fühlt sich wie ein rohes Ei. Bemerkungen anderer Menschen dringen in einen hinein, ohne dass man sich dagegen irgendwie wehren könnte. Es erinnert in manchen Aspekten an die Beschreibung des Erlebens eines durchlässigen Selbst, allerdings fehlt die dortige Nähe zum wahren Selbst. Dieser Übergang ist daher für das inszenierte Selbst eine enorme Herausforderung, die oft auch nicht unbedingt in einem einzigen großen Schritt, sondern in vielen kleinen angegangen werden kann.

Der Übergang beim durchlässigen Selbst

Ja, wenn ein durchlässiges Selbst zum wahren Selbst finden kann, kommt es nicht in die Leere, es muss nicht etwas aufgeben, sondern gewinnt ganz Kostbares dazu, was es immer gesucht hatte, in dem es aber fast nie bestärkt wurde.

Für ein durchlässiges Selbst ist es ein Segen zu erfahren, wie sich ein wahres Selbst bilden kann, welches nicht gemacht werden muss, weil es einfach den Seelenbotschaften folgen kann. Es entdeckt damit auf einmal uns mitgegebene Hilfsmöglichkeiten, die ihm ein inszeniertes Selbst nicht vermitteln konnte.

Seine Fähigkeit, fein zu spüren, ist wertvoll und kann da bleiben, aber parallel dazu wächst nun das bei sich Sein statt wie früher immerzu zu anderen hinüber zu rutschen. So, als ob ein Außenspiegel sich nun ab und zu nach innen drehen kann und nicht immer nur wahrgenommen wird, was andere brauchen und erwarten, sondern was die eigene innere Stimme sagt. Ein durchlässiges Selbst braucht immer wieder Stille und ein nur mit sich Sein, damit der wahre Halt im Inneren wächst.

Nach innen geklappte Fühler sind eine Liebesaffäre mit sich selbst. Dies bedeutet, sich selbst willkommen zu heißen, sich in sich zu begegnen und an sich selbst interessiert zu sein, ohne dazu Ziele, Erwartungen und Bedingungen aufzuerlegen und ohne immer wieder bei anderen zu sein.

Ich erinnere mich, wie sich irgendwann die körperlichen Zellen spürbar innerlich gedreht haben. Es geschah im Wald, und erst einmal konnte ich nicht mehr laufen, weil das wirkliche Ich im Körper ganz anders spürbar wurde.

Wenn das wahre Selbst sich innerlich zeigt, kann die eigene Person endlich Kontur bekommen, Worte haben, um sich selbst zu bewahren, und als Schlüssel ein eigenes Nein finden, das von anderen klar unterscheiden hilft.

Ich weiß noch, wie einmal etwas tief in mir sagte, dass ich erst durch ein eigenes Nein wirklich ganz auf die Erde kommen würde.

Die Glasscheibe vor der eigentlich so klaren Seele öffnet sich und etwas kann nun durch eine Pforte gehen, um zum wahren Selbst zu gelangen.

Mir hat meine jahrelange Begleitung anderer Menschen sehr geholfen, immer tiefer auch mich selbst zu verstehen, parallel auch in das eigene Innerste zu hören und so ein echtes Gegenüber zu werden.

Offensichtlich ist es ein ganz anderer Weg als der des inszenierten Selbst.

Das „spirituelle“ Selbst im Unterschied zum wahren Selbst

Für uns ist es wichtig festzuhalten, dass ein wahres Selbst noch nicht allein durch die Auflösung der bisherigen Strukturen einfach so entsteht.

Wir verstehen unter dem „spirituellen“ Selbst eine Sonderform, die schon viel von ihrer bisherigen psychischen Struktur aufgelöst hat, aber dennoch aus unserer Sicht kein wahres Selbst darstellt.

Viele kennen zum Beispiel aus Meditationen das Erleben des All-Einen, das Wissen um das Ewige und Unendliche in uns. Etwas ist dann frei von unserer persönlichen Struktur. Wir erfahren, dass wir jenseits der Struktur zu Hause sind, aber noch nicht, wie sich aus dem unendlichen Großen ein wirkliches, echtes Ich bilden könnte.

Für ein inszeniertes Selbst ist es sehr kostbar, diese Abwesenheit „von sich selbst“ zu erleben, die eine selten erlebte Entspannung hervorbringt. Die übliche Anstrengung fällt für diese Momente ab, und unter der Oberfläche des Gemachten wartet etwas Wahres, Ewiges und Reines.

Ein durchlässiges Selbst dagegen kennt die Auflösung von Form und Gestalt, es fühlt sich dort zu Hause. Aber es kennt keine Geführtheit hin zum wahren Selbst, um zu lernen, sich darin wirklich zu verkörpern.

Oft wird bereits die Auflösung der Strukturen als Entwicklung und Erlösung erlebt, aber beiden Strukturen fehlt noch das Wissen um die Verkörperung des wahren Selbst im alltäglichen Erleben, indem wir den Botschaften der Seele folgen.

Die Auflösung der Strukturen kann uns potentiell erkennen lassen, dass die Seele mit ihren Botschaften uns von Anbeginn mitgegeben ist; nur fehlt uns oft ein Gegenüber, welches uns genau dieser Seelenhaftigkeit versichert.

Das inszenierte Selbst kennt und schätzt zwar das All-Eine, aber es stellt seine bisherige persönliche Struktur damit nicht grundsätzlich infrage. Im Unterschied zum durchlässigen Selbst baut es die Auflösungserfahrung recht schnell in seine Strukturen mit ein und folgt damit nicht der Geführtheit aus der Seele zum wahren Selbst. An diesem Punkt kann es passieren, dass das inszenierte Selbst sich in ein „spirituelles“ Selbst wandelt. Es ist dann zutiefst davon überzeugt, dass es sich schon transformiert habe, doch gleichzeitig will es auch diesen Übergang noch selbst kontrollieren – was unmöglich ist. Trotz des oft großen Wissens um Spiritualität und eines breiten Erfahrungsschatzes landet das „spirituelle“ Selbst damit tragischerweise in einer Sackgasse, indem es letztlich sein inszeniertes Selbst behält.

Der Unterschied zum wahren Selbst ist für das „spirituelle“ Selbst oft nicht erkennbar, für das wahre Selbst aber absolut entscheidend. Erschwerend kommt hinzu, dass über weite Strecken ähnliche oder sogar identische Begriffe für letztlich fundamental unterschiedliche Dinge verwendet werden.

Statt in die Führung der Seele vertraut das „spirituelle" Selbst letztlich immer noch in sein bisheriges Ich, das inszenierte Selbst. Ein wirkliches Vertrauen in die Seele hingegen löst das inszenierte Selbst nicht nur temporär auf, sondern die Anhaftung an die bisherigen persönlichen Strukturen stirbt komplett und etwas kommt völlig neu auf die Welt. Um zum wahren Selbst zu kommen, müssen wir alles Eigene vollkommen loslassen und ganz frei werden von unseren bisherigen menschlichen Vorstellungen, Ideen und Wünschen.

Eine fundamentale Wiederauferstehung ist etwas anderes als eine selbst gemachte Entwicklung. Jede bisherige Ich-Bezogenheit will vollkommen durch eine Hingabe an das Namenlose aufgegeben sein, sodass nichts mehr in der Verkörperung auf der Erde wie bisher der eigenen Kontrolle unterliegt. Für das „spirituelle" Selbst kann dabei dieser Unterschied zwischen nur ersehnter und tatsächlicher Aufgabe der Kontrolle schwierig zu erkennen sein; ein wirkliches Zeigen des Innersten kann jedoch nur jenseits der Kontrolle erfolgen.

Eine meiner einschneidendsten Erfahrungen als inszeniertes Selbst geschah in einer tiefen Meditation, bei der ich – unendlich sanft und voller Respekt – vor die

Wahl gestellt wurde, mich wirklich hinzugeben, meine mir so überaus geschätzte Kontrolle in einem letzten selbstbestimmten Akt aufzugeben und mich ganz dem anzuvertrauen, was auch immer mit mir geschehen sollte. Es war einerseits, als ob ich mich selbst verleugnen müsste und hatte doch gleichzeitig eine unglaubliche Anziehung für mich. Ich habe mich schlussendlich hingegeben und es war, als ob sich alle Zellen in meinem Körper umpolen würden, eine wahrhaft markerschütternde Erfahrung – im schönsten Sinne. Und ich habe deutlich gespürt, dass ich mich auch gegen diese Hingabe hätte entscheiden dürfen, ohne aus der Liebe herauszufallen.

Für mich als durchlässiges Selbst war es eine lebensverändernde Erfahrung, beim Meditieren nicht nur das ewige Göttliche in mir und um mich herum zu erfahren, sondern dazu ein begleitendes Gegenüber erleben zu dürfen, das mir tief in die Augen sah, mich wirklich erkannte und aus der Seele heraus in den Körper und auf die Erde einlud. Ohne Worte und ohne Denken geschah so ein Wissen um das wahre Selbst und seine wirkliche Verkörperung.

Es geht uns hier nicht um eine Verurteilung des „spirituellen“ Selbst, sondern um seine unauflösbare Tragik. Auch das „spirituelle“ Selbst ist in der Tiefe auf der Suche nach dem wahren Selbst, wird es aber so nie finden können.

Begegnung trotz Unterschiedlichkeit der Strukturen

Uns beiden fällt beim Schreiben auf, dass wir einander nie bewertet haben in unseren unterschiedlichen Strukturen. Es ist spannend festzuhalten, dass wir uns schon unterstützen konnten, obwohl wir zu Beginn noch gar kein Bewusstsein unserer beider psychischen Strukturen hatten, also in gewisser Weise gar nicht bewusst aufeinander eingehen konnten. Aus heutiger Sicht sind wir uns schon damals auf der Ebene der Seele begegnet, auch wieder ohne uns dieser Ebene bewusst zu sein.

Ein Bewusstsein dieser Strukturen und deren Benennung ist erst wesentlich später entstanden. Wir finden es sehr kostbar, uns unserer Strukturen bewusst geworden zu sein, dafür Worte gefunden zu haben und sie ohne Bewertung immer tiefer wahrnehmen zu dürfen. Da es so schwierig ist, sein wahres Selbst wirklich zu verkörpern, können wir liebevoll feststellen, wie jeder von uns auf seine Art versucht hat, mit dem Leben zurechtzukommen. Vielleicht hätten wir mit einem solch bewertungsfreien Gegenüber auch schon früher in unserem Leben Hilfestellung auf dem Weg zum wahren Selbst erhalten können, aber bei uns hat es bis zu unserer Begegnung gedauert. Wir haben immer das gemacht, was uns zu dem jeweiligen Zeitpunkt möglich war.

Wir stellen erstaunt fest, dass wir beide miteinander nie in unsere Gefühle der Bedrohung hineingefallen sind, mit anderen Menschen aber sehr wohl.

Wenn ich auf die innere Stimmigkeit höre, lerne ich, dass es nicht darum geht, in negative Gefühle wie Bedrohung hineinzufallen, sondern dass sie uns etwas sehr Wichtiges mitteilen wollen. Die zuvor beschriebene Bedrohung weist uns in diesem Sinne ganz klar darauf hin, dass das inszenierte Selbst und das durchlässige Selbst sich nicht gegenseitig erlösen können, sondern dass der Weg für beide nur über das wahre Selbst führt. Die Bedrohung, die wir beide spüren, ist wie ein Warnschild vor dem Irrglauben an diese gegenseitige Erlösung.

Es kommt mir so vor, als ob wir hier eine ganz liebevolle und kostbare Botschaft durch das Gefühl der Bedrohung erhalten. Dieses bisher so negativ behaftete Gefühl bekommt plötzlich seinen eigenen Glanz und auf einmal fängt die seelische Ebene an, uns von innen her zu durchleuchten.

Niemand bringt uns bei, unsere Gefühle so zu lesen und zu verstehen, wie wir es hier gerade miteinander erleben. Wir müssen nicht mehr hineinfallen und uns von den Gefühlen dominieren lassen. Damit beginnt eine völlig andere Art der Begegnung. Die Basis für eine solche Begegnung ist wieder die von uns beschriebene Wahrnehmungsbestätigung.

Gerade spüren wir, wie ungewöhnlich und groß es war, dass wir uns trotz dieser unterschiedlichen Strukturen gegenseitig in unserem wahren Selbst bestätigen konnten. Wir haben dieses Wunder erleben dürfen, aber wir haben es nicht machen können. Und dieses Wunder ist nicht auf unsere Begegnung beschränkt, sondern prinzipiell zwischen allen Menschen möglich. Die Verkörperung des wahren Selbst können wir nicht alleine bewirken, sondern brauchen einander dafür – in einer ganz freilassenden Weise. Dieses äußere Gegenüber erlaubt uns allmählich, uns selbst ein inneres Gegenüber zu sein.

IV. DAS WAHRE SELBST

Das wahre Selbst

Wir kommen alle mit unserer Seele auf die Welt, die einerseits das Größere, Ewige enthält und andererseits das Potential besitzt, uns als ein wahres Selbst hier auf der Welt zu verkörpern.

Im Gegensatz zu den bisher beschriebenen Strukturen bringt das wahre Selbst uns in einer völlig anderen Art auf die Erde. Unsere Gestalt entsteht dann aus den Botschaften der Seele, sie ist geführt und geleitet und nicht von uns gemacht und kontrolliert. Das wahre Selbst weiß und manifestiert so eine von Anbeginn des Lebens an mitgegebene Liebe.

Das wahre Selbst lässt uns in allem und mit allem in uns hier sein. Wir können uns vollkommen ohne Schleier zeigen und müssen nichts mehr verbergen, um uns zu schützen. Denn es bietet einen Schutz aus unserem wirklichen Zuhause: der Ewigkeit.

Das wahre Selbst verweilt stets in der Gegenwart und lässt uns immer weniger von Vergangenheit und Zukunft bestimmen.

Je mehr der wirkliche Halt im Inneren da ist, desto mehr kann alles Äußere da sein, ohne dass wir uns darüber bestimmen lassen.

Das Sein in dieser Welt bedeutet immer auch Schmerz, Leid und Tod. Das wahre Selbst lässt all dies liebevoll da sein und verlässt uns niemals.

Das wahre Selbst folgt den Botschaften der Seele, es ist geführt. Wir können lernen, uns dieser inneren Führung vollkommen anzuvertrauen, statt weiter unserem aus der Not geborenen Automatismus zu folgen, unsere Struktur selbst gestalten zu müssen. Indem wir den inneren Botschaften lauschen, ist uns deren Umsetzung anheimgegeben, und dennoch gibt es keinen Zwang und keine Vorschrift, sie gleich umzusetzen. Wir sind geführt, aber wenn wir dieser Führung noch nicht folgen können, bleiben wir dennoch in unendlicher Liebe und Gnade. Dies hilft uns, stets neu innehalten zu können und zu dürfen und uns dann immer neu auf die Seele in uns auszurichten.

Das wahre Selbst in der Übersicht

Das wahre Selbst ist fundamental anders als die bisher beschriebenen psychischen Strukturen, die beide von der Annahme ausgehen, dass wir selbst für die Gestaltung unseres Ichs und unser Überleben zuständig sind. Trotzdem möchten wir gerne noch einmal das wahre Selbst mit den sechs Perspektiven beschreiben, die wir auch bei den beiden bisherigen Strukturen verwendet haben.

Perspektive I: Verkörperung/Formhaftigkeit/ Ich-Bildung

Die Verkörperung des wahren Selbst geschieht ganz aus dem Inneren heraus. Es ist eine geführte Form, die stets mit dem Ewigen verbunden ist und sich aus dem heraus gleichzeitig ganz auf das Irdische einlässt. Das wahre Selbst hat einen Körper als Gefäß der Seele, aber es ist nicht mit diesem Körper identifiziert.

Ich möchte gehimmelt und geerdet sein.

Aus dem Himmel und der Welt des Geistes heraus lässt etwas uns zum ersten Mal in allem ganz sichtbar werden und wirklich da sein auf der Erde, und doch ruht das wirkliche Zuhause im Ewigen.

Perspektive II: Dualität

Das wahre Selbst entstammt dem Ewigen und erkennt von dort aus die Dualität und die damit einhergehenden Gegensätze hier auf der Erde. Es fällt dementsprechend nicht in die Dualität hinein, sondern umfasst sie, hält sie in sich und geht gleichzeitig darüber hinaus.

Es kennt die Non-Dualität, die Hingabe an das Namenlose, die Aufgabe jeden Wollens und jeder bisher gemachten Form. Und es kennt das reine Sein in Liebe, Frieden und Stille.

Die dem wahren Selbst innewohnende Liebe ist so groß, das sie selbst die Gegensätze der Dualität in sich halten kann, ohne dagegen auch nur im Mindesten angehen zu müssen.

Perspektive III: Bewertung

Das wahre Selbst kann Unterschiede wahrnehmen, bewertet diese selbst jedoch nicht, sondern hält alles in liebevollem Verstehen. Ohne Bewertung gibt es aber eine klare Ausrichtung auf die Seele.

Statt Bewertung entsteht ein gegenseitiges Berühren und Erkennen im wahren Selbst.

Für mich ist es immer wieder faszinierend zu erleben, dass das wahre Selbst nicht einmal die Bewertung als solche bewertet, sondern auch sie liebevoll zu integrieren weiß.

Perspektive IV: Selbstbehauptung

Für das wahre Selbst geht es um Selbstbewahrung, nicht Selbstbehauptung. Es geht nie darum, sich im Außen gegenüber anderen zu behaupten, sondern darum, sich in der möglichst sichtbaren Verkörperung als ganz eigener Mensch hervorzubringen und zu bewahren.

Wenn das Wollen, sich selbst zu behaupten, endet, verwirklicht sich das noch unentfaltete wahre Selbst und etwas gibt sich wirklich hin.

Für ein inszeniertes Selbst ist es oft unvorstellbar, dass wir uns gar nicht selbst in der Welt behaupten müssen, sondern dass wir uns stattdessen ganz aus uns selbst heraus bewahren dürfen als wahres Selbst.

Perspektive V: Gefährdung

Auch ein wahres Selbst erlebt äußere Gefährdung. Doch im Inneren ist die Seele geschützt und frei. Dieser Schutz ist von ganz anderer Natur als bei den anderen beiden Strukturen – er schützt uns nicht vor den sogenannten unliebsamen Gefühlen und auch nicht vor Schmerz, Leid und Tod. Alles kann uns geschehen, der Schutz liegt für das wahre Selbst im Gegründetsein im Ewigen.

Unser wahres Zuhause hilft uns zu Ehrfurcht und liebevoller Annahme eines jeden weltlichen Schicksals.

Wie anders ist die wirkliche Souveränität eines wahren Selbst, welches nie eines Schutzes vor Verletzung im Außen bedarf, da es tief in sich unverletzlich ist.

Perspektive VI: Kontakt zur Seele

Das wahre Selbst entsteht ganz aus der Seele heraus. Aus ihr heraus ist uns vorgegeben, wie wir uns wirklich formen können zu einem wahren Selbst. Der Kontakt zur Seele verankert das wahre Selbst einerseits im Ewigen und führt uns gleichzeitig über die Seelenbotschaften in unserem irdischen Dasein.

Es erscheint uns plötzlich so, als ob beim wahren Selbst die Perspektive I Verkörperung und die Perspektive VI Kontakt zur Seele verschmelzen.

Die Inkarnation und Gestaltwerdung aus der Seele gibt dem Geheimnisvollen und Unfassbaren eine klare und einzigartige, aber niemals fassbare und festlegbare menschliche Existenz.

Die psychischen Strukturen vom wahren Selbst aus verstehen

Je mehr man Kontakt zu seinem wahren Selbst erhält, desto eher können beide Seiten beschreiben, wie sie bisher versucht haben zu überleben. Erst dann können wir liebevoll wahrnehmen und da sein lassen, wie vollkommen unterschiedlich die bisherigen Strukturen sind. Jetzt gibt es Worte für etwas, wo wir früher an entscheidenden Stellen nur stumm bleiben konnten. Selbst dem inszenierten Selbst, das sonst oft so wortreich ist, versagt hier die Stimme. Ohne zu streiten, zu kämpfen oder sich für falsch halten zu müssen fühlt man sich in der Unterschiedlichkeit der bisherigen Strukturen durch den neu gewonnenen inneren Halt nicht mehr bedroht.

Es ist wichtig festzuhalten, dass die Erlösung von den bisherigen psychischen Strukturen nicht auf dieser Ebene erfolgen kann, sondern nur auf der Ebene der Seelenbegegnung.

Ein durchlässiges Selbst ist sehr attraktiv für mich, denn irgendetwas in mir weiß, dass dort etwas ist, was zu meiner Sehnsucht spricht. Ich vermute, dass das eher das durch das inszenierte Selbst verdeckte wahre Selbst ist als das inszenierte Selbst selbst. Auf der anderen Seite erscheint mir das durchlässige Selbst in seiner Formlosigkeit ein natürliches Pendant zu meiner gemachten Formhaftigkeit zu sein. Hier scheinen sich die Gegensätze tatsächlich anzuziehen.

Ich muss erschreckt feststellen, dass mir das inszenierte Selbst wahrscheinlich die von mir ersehnten Fragen gar nicht hätte stellen können, da ich das Gesehen- und Verstandensein auf der seelischen Ebene gebraucht hätte. Niemand hatte mich weder in der Tiefe der Seele noch in dem bisher noch nie wirklich zeigen könnenden eigenen Schmerz, der Scham und der persönlichen Unsicherheit wahr- und ernstgenommen.

Diese Aussage ist auch für mich zutiefst erschreckend, da sie mich mit dem Gefühl von Ohnmacht konfrontiert: Selbst wenn ich dir mit den besten Absichten hätte helfen wollen, wäre mir das aus dem inszenierten Selbst heraus nicht gelungen. Und – gleichfalls erschreckend – muss ich gerade erkennen, dass auch du mich als durchlässiges Selbst nicht in Kontakt mit meinem wahren Selbst bringen kannst. Auch ich brauche dafür als Gegenüber ein wahres Selbst, um nicht die Bedrohung zu erleben, die mir ein durchlässiges Selbst als Gegenüber auch immer ist.

Was zum wahren Selbst verhilft

Wir haben vier uns wesentliche Zugänge entdeckt, die uns mehr und mehr zum wahren Selbst verhelfen. Da sind die bereits behandelte Wahrnehmungsbestätigung, die schon erwähnte innere Stimmigkeit, der bisher nur angedeutete Umgang mit Gefühlen und die noch nicht besprochene innere Ich-Instanz.

Wahrnehmungsbestätigung

Was in unserem Innersten eigentlich da ist, kommt erst durch die wirkliche und gelingende Wahrnehmungsbestätigung ans Licht und hilft uns so in die eigentliche Form.

Alles in uns darf Ausdruck finden, wird unterschiedslos ernst genommen. Es gibt etwas in uns, das tief spürt, ob jemand uns bewertet und beurteilt oder wirklich uns in allem – der Seele und dem bisherigen psychischen Überlebensmodus – versteht und wahrnimmt.

Leider glauben wir oft nicht an dieses Spüren. Mir wurde im Laufe der Jahre und in der Begleitung von Menschen immer deutlicher, dass es eine ganz tiefe innere Reaktion aus unserem Körper heraus gibt, die klar spürt, ob wir bewertet werden oder nicht. Selbst Menschen in der Psychiatrie merken das oft sehr genau. Leider werden wir darin meist wenig bestärkt; deshalb ist es so kostbar, ermutigt zu werden.

Natürlich kann es Unterschiede in der gegenseitigen Wahrnehmung geben, auch darin kann man sich begegnen und die Verschiedenheit da sein lassen.

Gleichzeitig hat es uns tief erstaunt, wie gleich unsere innersten Wahrnehmungen waren, denn je mehr das eigentlich Mitgegebene in uns da sein durfte, desto tiefere gleiche Schichten kamen hervor. Und auf diese Weise wurde aus der Subjektivität gleichzeitig eine innerste Wahrheit, die das Wahre und Echte in uns Menschen ausdrückt.

Durch diese gegenseitige Vergegenwärtigung des Innersten halfen wir einander, immer tiefer zu uns selbst und unserer inneren Stimmigkeit zu kommen.

Bei mir hast du durch die Wahrnehmungsbestätigung die Nebel verscheucht, die sich um und über meine innere Stimmigkeit gelegt hatten. Ich musste mich da erst ganz vorsichtig herantasten.

Ich selbst spürte oft in mir klar, was stimmig war oder nicht, aber ich traute mich überhaupt nicht, dem zu folgen, mich darin zu zeigen und so zu vertrauen, dass Größeres mich da führen und halten und mir eine ganz neue Kraft geben würde.

Die innere Stimmigkeit

Die innere Stimmigkeit entspringt der Seele und liefert Botschaften für die Verkörperung des wahren Selbst. Je mehr wir uns dieser Stimmigkeit anvertrauen, desto mehr wird unser Seelengleichklang zu einer jeweils einzigartigen Verkörperung.

Die innere Stimmigkeit ist uns allen von Anbeginn des Lebens in uns mitgegeben. Sie kommt tief aus unserem Innersten und teilt in Form von Seelenbotschaften klar mit, was uns zu einem ganz eigenen, individuellen und authentischen Menschen machen kann.

Niemand anders kann um die innere Stimmigkeit in uns wissen. Von außen können wir einander nur ermutigen und bestärken, darin mehr und mehr zu vertrauen, um uns so im wahren Selbst zu verkörpern und ein einzigartiger Mensch zu sein.

Innere Stimmigkeit entsteht nicht vom Kopf her und entspricht nicht dem eigenen Willen oder erwünschten Gefühlen.

Auch unser Verstand ist kostbar, doch ist er nicht gemeint, uns zu führen und zu dominieren, sondern der inneren Stimmigkeit zu dienen, auch wenn diese manchmal scheinbar nicht rational oder sogar unlogisch wirkt und sich immer wieder mal neu von innen heraus verändern kann.

In der Stille können wir tief und liebevoll zur wahren Stimmigkeit in uns finden und spüren und glauben lernen, was eigentlich in und zu uns spricht.

Es hat mich schon vor vielen Jahren tief berührt, für die innere Stimmigkeit Worte zu finden, um so mir selbst und anderen Menschen zu helfen, diese uns tief mitgegebene Hilfe bewusster wahrzunehmen und darin vertrauen zu lernen. Die Stimmigkeit spricht in uns, sagt oft deutlich, was wirklich passt oder nicht passt. Doch da dies oft eine Radikalität besitzt, gehen wir lange Zeit schnell darüber weg statt ihr zu folgen. Ich selbst kann mich gut im Nachhinein erinnern, wie früher manchmal etwas klar sagte, was nicht wirklich stimmig war, aber noch der Mut und das Vertrauen fehlte, dem tatsächlich zu folgen.

Im wahren Selbst stimmen wir immer – wir sind Immerstimmer. Aber – auch das inszenierte Selbst meint, den Begriff innere Stimmigkeit zu kennen. Allerdings bezieht es die Stimmigkeit auf die Übereinstimmung mit den eigenen Wünschen, Gedanken und Gefühlen. Die innere Stimmigkeit des wahren Selbst prüft jedoch allein von innen heraus und kann unseren eigenen Vorstellungen widersprechen, manchmal sogar ganz gegenteilig sein.

Es kann uns sehr überraschen, dass die Stimmigkeit in uns ganz anders ist, als wir bisher dachten. Oft können wir ihrer Radikalität und dem Sichtbarwerden aus dem

Inneren noch nicht folgen; dies darf allmählich still innerlich in uns wachsen, bis Worte und Bewusstsein dafür da sind. Erst wenn wir spüren, uns wirklich nach außen vertreten zu können, entsteht ein geeigneter Zeitpunkt, uns zu zeigen und darin geführt zu sein. Denn egal wie andere dann reagieren, können wir das bei ihnen lassen und parallel dazu bei uns bleiben. Dabei geht es bei der inneren Stimmigkeit nicht darum, sich immer durchzusetzen, sondern zu lernen, in der Tiefe bei sich zu bleiben, was auch immer im Außen geschieht.

Die gegenseitige Bestätigung unserer inneren Stimmigkeit hat in uns einen ganz neuen Boden entstehen lassen, den wir als Heilung erlebt haben: Wir stimmen in unserer Seele – und wir sind damit nicht alleine auf dieser Welt.

Wahre Führung aus der inneren Stimmigkeit ist ein heiliger Moment. Dabei zwingt uns nichts, es gibt kein „Du musst so und du musst jetzt!“ - doch es öffnet sich ein heiliger Raum, in dem Gott bei uns ist.

Vom Umgang mit Gefühlen

Zum wahren Selbst in uns helfen auch unsere Gefühle, jedoch nicht, indem wir in sie hineinfallen und von ihnen beherrscht werden, sondern indem wir lernen, innerlich am Ufer zu stehen und darauf zu schauen, sodass ein Teil in uns frei davon ist. Indem wir ein Bewusstsein von Gefühlen bekommen, können wir ihre eigentliche

Bedeutung verstehen, denn statt uns zu dominieren, geht es darum, was sie uns eigentlich sagen wollen.

Ich merke immer wieder, wie sich bei mir und anderen Menschen Fundamentales verändert, wenn wir Gefühle als Hilfe zum wahren Selbst verstehen. Aber wir brauchen einander, um die eigentliche Bedeutung von Gefühlen wirklich ernst zu nehmen.

Ein Gegenüber hilft, ein Bewusstsein für die Gefühle zu finden und so ihre Bedeutung zu verstehen statt nur hineinzufallen. Gefühle werden üblicherweise als positiv oder negativ bezeichnet. Je mehr wir ein Bewusstsein für die Gefühle bekommen, desto mehr löst sich diese Bewertung auf.

Als positive Gefühle werden häufig genannt: Glück, Spaß, Stolz, Vergnügen oder Lust. Etwas möchte oft nur sie haben und negative Gefühle unterdrücken.

Als negative Gefühle werden häufig genannt: Angst, Ekel, Wut, Hass, Traurigkeit, Scham und Schuld. Sie wollen oft nur in uns weggemacht und für falsch erklärt werden.

In die Dualität zu fallen bedeutet, nur eine Seite der Gefühle zu spüren oder zu wollen und die andere Seite abzuwerten. Jedoch hat jedes Gefühl eine Kehrseite, die auch da sein möchte. Das wahre Selbst lädt unterschiedslos alle Gefühle ein.

Positive Gefühle sind kein Endzweck in sich, sondern sie können uns die geeignete Umgebung bieten, von der dualen Oberfläche in unsere Tiefe jenseits der Dualität zu gehen. Aber wenn wir darin hängen bleiben, können die positiven Gefühle uns auch von dem Gegründetsein in uns selbst wegführen.

Negative Gefühle führen schnell dazu, davon bestimmt zu sein und in Hilflosigkeit und Grauen zu fallen oder durch sie mit anderen zu streiten und sie zu bekämpfen. Sie steuern uns oft, statt dass wir verstehen, was sie uns eigentlich sagen wollen, denn im bewussten Verstehen könnten sie zum Vertrauen in das wahre Selbst helfen, statt es zu zerstören.

Negative Gefühle können helfen, uns von anderen Menschen zu unterscheiden, im Inneren bei uns zu bleiben und ernst zu nehmen, was für uns nicht stimmt. Sie werden so zu einer Hilfe zum wahren Selbst, statt dass sie uns dominieren und vereinnahmen. Sie helfen uns, ein Zuhause im Innersten zu finden, auch wenn wir uns nicht immer durchsetzen können.

So hilft etwa die Wut, nicht mit anderen zu streiten, sondern Kraft zu bekommen, sich im Eigenen zu wahren und sich mehr und mehr wirklich zu zeigen.

Gefühle gehören zu unserer menschlichen Existenz, doch bräuchten wir möglichst schon als Kind dazu ein Gegenüber, um mit ihnen wirklich umgehen zu können.

Ein wahres Gegenüber nimmt Gefühle des anderen liebevoll in sich auf und hält sie in sich in all ihrem Ausmaß. Es hilft, sie ernst zu nehmen, darin da zu sein, Worte dafür zu finden und sie zu verstehen. Was an Gefühlen wirklich da sein kann, wird schon allein dadurch ruhiger und kann so kommen und gehen.

Gleichzeitig ist dieses Gegenüber trotz Mitgefühl ganz bei sich und verschmilzt niemals.

Ich selbst habe in der Begleitung von Menschen immer mehr gemerkt, dass sie spüren, ob ich wirklich trotz allen Mitgefühls bei mir bin, sie so einen Halt in mir spüren, der hilft, zu sich zu kommen und einen ganz eigenen Weg gehen zu können.

Ich habe immer wieder erfahren, dass ich nur durch mich beim anderen sein kann. Wenn ich mir selbst verlustig gehe, kann ich auch kein wirkliches Gegenüber mehr sein.

Je mehr wir lernen, wirklich bei uns zu sein, brauchen wir Gefühle immer weniger, denn unsere innere Stimmigkeit ist jenseits davon zu Hause. Aber natürlich hören wir meist nicht auf zu fühlen, da dies dennoch immer wieder aufs Neue hilfreich sein kann.

Liebe, Freude, Kraft und Freiheit können allesamt auch tiefe, essentielle Empfindungen sein, die jenseits der oben genannten Gefühle und jenseits der Dualität zu

Hause sind. Sie sind unabhängig vom Außen und spiegeln das wahrhaft Helle, Leuchtende in uns, was keine Finsternis mehr kennt.

Die innere Ich-Instanz

Die Seele ist von ihrer Natur her unvergänglich. Mittels ihrer Botschaften bietet sie uns eine Führung an in unserer vergänglichen menschlichen Existenz. Je mehr es uns gelingt, diese Botschaften zu verkörpern, desto mehr leben wir unser wahres Selbst. Um uns dieser Botschaften bewusst zu werden und ihnen dann auch folgen zu können, brauchen wir eine Ich-Instanz, die uns liebevoll meint und wirklich für uns in uns da ist. Diese hilft uns, eine psychische Struktur auf einer ganz anderen Ebene als die beiden aus der Not geborenen Überlebensstrukturen inszeniertes Selbst und durchlässiges Selbst auszubilden, sodass eine wahre innere Psyche erwächst.

Wir können so lernen, mehr und mehr den Botschaften der Seele zu folgen. Langsam entsteht eine Souveränität, die uns immer weniger von außen gesteuert sein lässt, die uns immer unabhängiger macht von der bisherigen Beschaffenheit dieser Welt. Die Führung erfolgt allein von innen und niemand anders kann sie kennen außer uns selbst.

Die innere Ich-Instanz als Hilfe zu der wahren Psyche hat im Gegensatz zu den psychischen Überlebensstrukturen eine rein dienende Funktion, sie ist allerdings – wie diese

– nicht schon immer vorhanden, sondern entwickelt sich erst im Laufe des Lebens. Dafür braucht es nach unserer Erfahrung eine Zeit lang das Spiegeln und Gehaltenwerden von einem Gegenüber, wie wir es schon beschrieben haben. Erst danach entsteht diese Ich-Instanz wirklich in uns selbst und wächst dann immer weiter, sodass nun ein uns wahrnehmendes Gegenüber in uns selbst da ist. Dieses Wachstum können wir nicht machen und es geschieht oft im Stillen. Auf einmal stellen wir dann fest, dass uns eine neue Fähigkeit zugewachsen ist, die wir vorher nicht hatten.

Ich selbst kann mich noch gut erinnern, als vor Jahren in meiner Wohnung früh auf einmal überall auf dem Boden Wasser war, ich normalerweise völlig überfordert und verzweifelt gewesen wäre – und auf einmal aus meinem Inneren eine Stimme kam, die sagte: Hab keine Angst, es wird eine Lösung geben, bleib bei dir, mach nun einfach eines nach dem anderen. Und ich spürte ganz deutlich, dass innerlich etwas für mich da war.

Mir fallen immer häufiger Situationen ein, bei denen ich früher unfreiwillig aus meinem inszenierten Selbst reagiert habe, oder genauer - reagieren musste. Heute ist etwas in mir gewachsen, ich bin viel souveräner und kann mich immer öfter wirklich frei in einer Situation bewegen, ohne auf eine bestimmte Weise reagieren zu müssen. Ich empfinde das als enormes Geschenk.

Die innere Ich-Instanz versteht gleichzeitig liebevoll, was uns noch nicht möglich und haltbar ist, sodass es in diesem Sinne auch liebevoll verstehbar und ganz ohne Bewertung ist, wenn die seelischen Botschaften noch nicht umgesetzt werden können.

Das Wachstum der inneren Ich-Instanz hat einen ganz individuellen Verlauf und ist nicht absichtlich machbar. Manche Dinge fliegen uns zu, andere scheinen unendlich lange zu brauchen, bis wir sie verinnerlicht haben.

Das wahre Selbst zeugt und schöpft immer wieder neu aus der Unendlichkeit eine Form im Jetzt. Diese Form ist damit niemals etwas Festes, Statisches, sondern etwas stets Frisches, Veränderliches. Die Seele ruht im Ewigen, aber ihre Form auf der Erde kann sich ständig ändern.

Was kurze oder sogar lange Zeit stimmig war, kann sich immer mal auch neu bilden und sogar gegenteilig werden.

Ich merke, wie ich den Mut bestärken mag, dass bei uns etwas innerlich und äußerlich anders werden darf als bisher und wir dazu ohne rationale Begründung stehen dürfen, auch wenn anderes erwartet wurde. Mir ist kostbar und ich verstehe es als wirkliche Freundschaft, wenn Menschen mir sagen, falls für sie gerade etwas schwierig ist oder nicht mehr passt.

Für mich war es ungeheuerlich zu erkennen, dass ich meine innere Stimmigkeit nicht begründen muss, schon gar nicht rational. Denn oft ist die innere Stimme in mir ganz klar und deutlich, aber sie scheint keine Berechtigung im Außen zu haben. Erst der allmähliche Halt durch die innere Ich-Instanz hat mir erlaubt, von dem eigenen und fremden Anspruch an die Begründbarkeit meines eigenes Spürens Abstand zu nehmen. Die Stimmigkeit ist aus mir heraus gegründet und es bedarf keiner weiteren Erklärung oder Rechtfertigung.

V. BEGEGNUNG IM WAHREN SELBST

Das bestärkende Gegenüber

Um die Seelenbotschaften unseres Innersten bewusst wahrnehmen und dann auch verkörpern zu können, helfen uns wirkliche Gegenüber, so, wie auch wir beide einander erleben durften. Ein uns im wahren Selbst bestärkendes Gegenüber kann uns in der Seele sehen, es bezeugt uns in unserer Seelenhaftigkeit und lässt eine über das Weltliche hinausgehende Verbundenheit spüren.

Es gibt verschiedenste Arten von Gegenüber, im Inneren und im Äußeren. Ein Mensch kann uns ein Gegenüber sein, die Natur, ein Tier und natürlich das Göttliche selbst. Durch solche Gegenüber erwächst in uns Menschen ein wirklich innerer Selbstbezug, etwas, was in uns sieht, in allem versteht und liebt, was immer auch geschieht.

Ein wirkliches menschliches Gegenüber nimmt unsere Seele wahr, sieht sie, spürt sie, nimmt sie in sich auf und gibt sie uns zurück, sodass wir sie selbst mehr und mehr spüren können und so das wahre Selbst in die Verkörperung finden kann.

Weil ein solches Gegenüber selten ist, bekommen wir oft wenig Unterstützung, unser wahres Selbst zu leben. Auch wenn eine Unterstützung subjektiv gut gemeint ist, hat sie meist nicht diese notwendige Beschaffenheit.

Verkörperung des wahren Selbst

Es muss hier um eine komplett andere Ausrichtung gehen, da das wahre Selbst auf der Ebene der Seele liegt. Die beiden Überlebensstrukturen müssen hierfür weichen, wobei das nur in dem Maße geschehen kann, in dem sich die innere Ich-Instanz in uns aufbaut, von der aus wir das wahre Selbst verkörpern können. Erst dann können wir uns ganz der inneren Führung der Seele anvertrauen und ein Ich einer gänzlich anderen, nämlich ewigen Herkunft entstehen lassen. Was vorher nicht passte, passt dann auf einmal, und umgekehrt.

Diese Herkunft verbindet uns zutiefst und ermutigt uns zur Unterschiedlichkeit, sie erfreut sich geradezu an ihr. Und sie erlaubt uns, auf der Ebene der einzigartigen Verkörperung aus dem Innersten gänzlich unterschieden von allen anderen sein zu können. Individualität ist dann, wie sich die Seele in uns und durch uns in jeweils ganz persönlicher Facette in dieser Welt zeigen möchte. Verbundenheit der Seelen und Einzigartigkeit der Verkörperungen sind so auf besondere Weise miteinander verbunden.

Etwas in uns kann lernen, das wahre Selbst – unser jeweilig eigentlich mitgegebenes Wesen – hervorzuholen. Zunächst brauchen wir dazu eine Zeit lang ein Gegenüber, um uns dieser Ebene wirklich anvertrauen zu können. Erst wenn wir uns ganz mit uns selbst ausgefüllt haben, benötigen wir diese Bestätigung von außen immer weniger.

Das wahre Selbst kennt keine Regeln, es ist in seiner Verkörperung stets spontan und neu – doch auf der Grundlage der Seele immer gleich. Es lebt in unendlicher Freiheit, die dennoch vollkommen „unfrei“ ist, da das wahre Selbst sich bedingungslos der inneren Führung anvertraut.

Solange wir aus unseren Überlebensstrukturen heraus agieren, wirken Bewertungen in uns hinein. Im Gegensatz dazu erfüllt das wahre Selbst uns in einer Weise, dass Fremdes nicht mehr in uns eindringen kann. Wir spüren zwar noch die Bewertungen, aber sie bleiben außen vor.

Je mehr die Botschaften der Seele unseren Körper und seine Zellen erfüllen, desto weniger sind wir kränkbar. Wir können Menschen in all ihrem Eigenen miterleben, aber parallel dazu ganz bei uns sein.

Ich merke immer mehr, dass das wirkliche Ich einen Halt in mir gibt, egal wie andere sind, egal, wie sie leben und was sie sagen und tun. Auf diese Weise werde ich unabhängig davon, ob Menschen mich sehen und verstehen, und ich rutsche nicht mehr rüber zu ihnen.

Die Gegensätzlichkeiten in dieser Welt bleiben auch bei einem verkörperten wahren Selbst bestehen, wir sind diesen Widersprüchen jedoch nicht mehr ausgeliefert. Wir können aus einer inneren Stimmigkeit reagieren – lassen uns aber immer weniger weder direkt von Gefühlen, Gedanken und Körperempfindungen noch von unseren bisherigen Strukturen steuern.

Einerseits sind wir damit wirklich frei, aber nicht, indem wir die Gegensätzlichkeit der Welt überwinden, sondern indem wir sie in ihrem vollen Ausmaß in Liebe da sein lassen können. Diese allumfassende Liebe muss das Böse weder bekämpfen noch negieren noch muss sie hineinfallen, sie nimmt es wahr und hält es in sich – und geht damit gleichzeitig darüber hinaus.

Auf der anderen Seite werden wir vom Höheren bestimmt. Es führt unser Leben auf eine vollkommen neue Art und Weise. Diese Führung kann so radikal sein, dass wir erst lernen müssen, diese Unfreiheit auszuhalten, darin zu vertrauen, um uns so erstmalig wirklich zu verkörpern.

Gleichzeitig anerkennt diese Radikalität unsere tiefe Menschlichkeit, die nicht immer in der Lage ist, dieser inneren Führung schon folgen zu können. Wir können unsere Verkörperung genauso anerkennen wie das, was für uns noch nicht lebbar und innerlich zu halten ist.

Alle drei Strukturen können nebeneinander existieren, aber von göttlicher Natur ist für uns nur das wahre Selbst. Die Ausrichtung auf das wahre Selbst lässt mehr und mehr in uns wachsen und uns daran glauben, dass wir auf die künstlichen Selbste verzichten und in das Größere in uns tatsächlich vertrauen können, sodass die

Seele uns erfüllt und wir verkörperte Seelenwesen werden.

Dem wahren Selbst geht es nie um die Form als solche, sondern darum, wovon die Form Ausdruck ist – nämlich stets des Höheren und Ewigen in uns. Auf diese Weise leuchtet die Wahrhaftigkeit durch die Form hindurch, sodass eine durch die Seele eingeladene Form entsteht. Diese Art der Form bedeutet wahre Verkörperung auf Erden, auch wenn die Erde nicht unser eigentliches Zuhause ist.

Begegnung auf der Ebene der Seele

Parallel zur Unterschiedlichkeit unserer beider Strukturen habe ich bei dir von Anfang an wahrgenommen, dass du innerlich ein Zuhause hast, das ich auch kenne, das auch das meine ist.

Ich wusste, dass du weißt – ohne dass wir uns sogleich darüber austauschen mussten.

Es war für mich klar und einfach, deine Seele zu sehen, dir darin in der meinen zu begegnen, obwohl wir beide in unserer konkreten Art der Lebensführung so verschieden sind.

Diese gegenseitige Begegnung auf der Ebene der Seele hat im Laufe der Jahre bei mir dazu geführt, die fundamentale Verbundenheit zwischen uns genauso wahrnehmen zu können wie unsere Getrenntheit.

Ich erinnere mich an eine Seelenbegegnung mit dir, in der wir das Einssein und eine unendliche, über das Menschliche hinausgehende Liebe erfahren konnten – und die gleichzeitig in uns beiden einen starken Impuls weckte, darin nicht nur zu verweilen, sondern daraus in die Getrenntheit der individuellen Form zu gehen und so das jeweils Eigene zu finden und zu leben.

Offensichtlich haben wir beide immer wieder gegenseitig in uns eine innere Wahrheit gefunden, die wagen möchte, ausgedrückt und von uns verkörpert zu werden – in jeweils eigener Art und Weise.

Ich weiß, dass Menschen, bei denen ich die Seelenverbundenheit gespürt habe, niemals mehr aus meinem Herzen gehen werden, auch wenn wir uns real nicht sehen.

VI. VERWUNDBARKEIT, SCHMERZ, LIEBE UND TOD

Verwundbarkeit, Schmerz, Liebe und Tod

Sobald wir als Mensch auf die Erde kommen, gehören Verwundbarkeit, Schmerz und Tod zum irdischen Dasein. Solange wir jedoch noch nicht in unserem wahren Selbst verankert sind, das um das ewige Zuhause in uns weiß, sind wir dem nicht nur zu Beginn des Lebens, sondern auch weiter darüber hinaus immer wieder oft nur ausgeliefert.

Das Leid – und auch die Angst davor – fällt nicht weg, wenn wir aus dem wahren Selbst heraus leben. Aber die Hilfen zum wahren Selbst gestatten uns, das Ausmaß wirklich da sein lassen zu können, da dann dieses Erleben in einer großen Liebe gehalten wird.

Verwundbarkeit und Schmerz

Wenn der Schmerz in uns nicht erträglich und haltbar ist, kommt spontan ein Wille hoch, selbst etwas dagegen tun zu wollen und zu müssen. Der Schmerz soll so entweder gänzlich verhindert oder zumindest im Inneren abgedeckt sein, um möglichst nichts mehr damit zu tun zu haben. Denn wenn ein unerträglicher Schmerz innerlich noch nicht haltbar ist, kann das Herz daran zerbrechen und er uns in einen Abgrund führen.

Erst wenn wir in unserer Seele wahrgenommen sind, spüren wir, dass die künstlich gemachte Persönlichkeit und der Wille immer weiter zurückgehen können und eine tiefere innere Führung entsteht. Aber solange wir noch – irrigerweise – glauben, das Leid selbst verhindern zu können oder zu müssen, verhindern wir gleichzeitig die Entstehung des wahren Selbst als unserer eigentlichen persönlichen Struktur.

Die Seele ist beides: Sie ist das Verletzlichste und gleichzeitig das Unverletzlichste in uns.

Erst wenn wir an jeder Stelle in Liebe gehalten sind, darf unsere Verletzlichkeit ganz da sein – und wir können und dürfen uns auch darin zeigen.

Verletzlichkeit bedeutet die Bereitschaft, in ein Meer aus Blut und Tränen bis zum Grund einzutauchen.

Für mich ist das Zulassen von Verletzlichkeit in meinem Leben wie ein großes Geschenk. Endlich darf der Schmerz, der ohnehin da ist und den ich nur scheinbar bekämpfen kann, auch wirklich gespürt werden.

Liebe hilft, den Schmerz als Teil des Lebens ganz und gar anzunehmen: Sie lässt ein Tor zu einem Raum aufgehen, in dem wir niemals mehr allein gelassen sind. Je mehr der Schmerz wirklich da sein darf und kann, bringt er uns zu uns selbst und öffnet bisherige menschliche Begrenzungen.

Schmerz verändert sich fundamental, wenn er mit tiefer Liebe zusammenkommt. Auf diese Weise lernen wir, unsere Schutzlosigkeit auf der Erde wirklich da sein zu lassen und die ganze Verletzlichkeit zeigen zu können. Und es kommt ein ganz anderer Schutz ins Leben, der niemals geht und den Schmerz in seinem ganzen Ausmaß da sein lässt.

Ich weiß noch, dass ich einmal erlebt habe, wie Schmerz und Liebe wirklich in mir zusammentrafen und so ganz Neues im Innersten erwuchs, was mein Herz zutiefst öffnete.

Für mich war es eine unglaubliche Erfahrung, dass ich den Schmerz nicht als Feind bekämpfen muss, sondern dass ich mit ihm liebevoll sein kann. Es gibt Frieden im und mit dem Schmerz, denn die Seele mag zwar ihre Fassung – zeitweise – verlieren, aber nicht den tieferen

Halt in sich selbst. Wir sind auch im Schmerz tief in uns gegründet, vielleicht sogar gerade dort in besonderem Maße, da der Schmerz etwas so tief Menschliches ist.

Schmerz und Liebe

Durch ein wirkliches Gegenüber können wir verwundbar werden, uns immer mehr in den intimsten und verletzlichsten Empfindungen entblößen und lernen, einander auch darin wirklich zu begegnen. Wir dürfen alles vor einem wahrhaft mit sich verbundenen Menschen wie vor Gott ausbreiten und unendliche Liebe und Gnade spüren. Denn ein zerbrochenes Herz wird in einem größeren Herzen gehalten, auch wenn uns das oft unvertraut ist und wir es so oft noch gar nicht wahrnehmen konnten.

Wahre Liebe ist kein Gefühl, sondern der eigentliche Ur-Zustand in uns, sie ist nicht machbar und nicht auf bestimmte Personen fixiert. Ihr Zuhause ist in uns und sie kann sich von dort aus weiter und weiter ausbreiten.

Liebe war von Lebensbeginn an deutlich in mir da, aber es fehlte ein menschliches Gegenüber, das die Liebe in ihrem Ausmaß wahrnehmen, annehmen und erwidern konnte, sodass ich mich darin sehr allein fühlte, noch nicht recht wusste, wie sie wirklich lebbar ist. Auch überflutete mich die Liebe noch einmal in der Pubertät, sodass ich sie aus Verzweiflung auf eine einzelne Person fixieren musste.

Wenn ich ganz bei mir bin, bin ich gleichzeitig ganz in der Liebe, dann bin ich Liebe. Ich nehme die wahre Liebe wie einen schützenden Mantel um alles herum wahr, und sobald auch nur der geringste Zweifel an der

Liebe auftaucht, umfasst die Liebe auch diesen Zweifel – ganz liebevoll. Es gibt kein Außerhalb dieser Liebe, sie ist allüberall.

Liebe ist der heilige Grund unseres wahren Wesens und macht unsere Ewigkeit deutlicher. Sie geschieht, wenn die Seele sich wirklich öffnet.

Tod

Es gibt einen Ozean des Bewusstseins, der Werden und Vergehen da sein lassen kann und hilft, dass die Form, die immer wieder aufs Neue geboren wird, am Ende ihres Seins in dieser Welt auch vergehen darf. So wird deutlich, dass das Menschsein mehr ist als das Leben und die Ewigkeit ohne Zeit in uns atmet. Der Hauch der Ewigkeit ist auch in Zeit und Raum spürbar; er zeigt die Ur-Schwingung des Universums.

Gerade erinnere ich mich, wie ich in einem Seminar tief in mir die Ewigkeit spürte und sie mich eine Zeit vollkommen beherrschte. Außer von dir habe ich mich darin von niemandem verstanden gefühlt – aber du selbst gingst mit mir in die Natur, wo ich langsam das Bewegen der Blätter und so parallel nun auch die irdische Vergänglichkeit wieder in mir wahrnehmen konnte. Ich bin dir noch immer sehr dankbar für diese besondere Begleitung. Du warst einfach da und ich konnte und durfte in allem sein.

Mir ist die Ewigkeit einmal in einer tiefen Meditation begegnet, wo sie sich wie ein göttlicher Atem ausbreitete, weit jenseits unserer menschlichen Sphäre des Werdens und Vergehens, ganz enthoben und erhaben und von unglaublicher Schönheit. Ich habe mich darin einerseits als Mensch ganz klein gefühlt und doch gleichzeitig wirklich Anteil gehabt an dieser Größe.

In unserer Tiefe sind wir immer zum Sterben bereit. Nichts mehr in uns muss dann im Außen festhalten, alles kann kommen und gehen, was auch immer geschieht. Etwas kämpft nicht um das Überleben, lässt Sterben als zum Leben gehörig zu, aber natürlich ohne es zu wollen. In dem Moment, wo wir versuchen, die Kontrolle über das eigene Leben zu erlangen, verhindern wir, uns dem wahren Selbst und einer anderen Führung wirklich hinzugeben.

Wir können beim Sterben weinen und trauern – und gleichzeitig das Ewige und die unendliche Liebe in unserer Seele spüren.

Das Sterben im Wissen um das Unendliche in uns lässt trotz des Todes das unsterbliche Ewige in uns leuchten.

Im Leben sterben

Das wahre Selbst kann helfen, dass wir uns nach einem traumatischen Geschehen tatsächlich innerlich sterben lassen, denn ein solches Sterben kann helfen, Schlimmstes wirklich zuzulassen und eine reale Ohnmacht zu akzeptieren. Statt selbst etwas tun zu wollen, gibt sich alles hin, lässt los und lässt zu, dass Tod geschieht und wir uns selbst nicht mehr bewahren können.

Jeder geht dabei seinen jeweils eigenen Weg.

Ich selbst habe innerlich zugelassen, mich tatsächlich sterben zu lassen. Und ich durfte erleben, wie ich nach dem real erlebten Tod aus der ewigen Tiefe, ohne das Geringste dazu zu tun, neu auferstand. Etwas Größeres brachte mich erneut ins Leben. Durch diesen inneren Tod entstand aus der zerstörenden Heftigkeit des zuvor vernichtenden Schmerzes ein Frieden. Unendliche Liebe war da.

Ich habe mich noch nie so sterben lassen wie du und dennoch weiß ich davon. Es ist mir in einer tiefen Schmerzerfahrung gezeigt worden.

Und ich weiß, dass du davon weißt. Es gibt da keine Vorschrift, wie wir welchen Weg zu gehen haben.

Wenn wir den Tod erleben, können wir in uns die Ewigkeit spüren und sie im Leben mehr erfahren, weil wir auferstehen in der Führung von Gott. Dadurch wird es immer leichter, auch real zu scheiden – und trotzdem dürfen Schmerz und Angst immer neu da sein.

Je mehr wir auch im Alltag verinnerlichen, dass alles auf der Erde kommt und geht und nichts bleibt, desto mehr müssen wir nichts mehr festhalten und können annehmen, was auch immer geschieht.

Lass uns in das Leben sterben, lass uns sterben Tag um Tag, damit nicht ein einz'ger Tag im Leben ohne Tod vergehen mag.

Denn was wäre ohne Tod das Leben, diesem ew'gen stillen Gast, ihm, der mahnt, sich hinzugeben, ohn' Wenn und Aber, ohn' Eil und Hast.

Lass uns drum die Herzen sprengen, denn Leben will stets Liebe sein, mag der Tod auch Leben trennen, Liebe ist auch ihm gemein.

(Gedicht von Holger aus 2001)

VII. GOTT UND DIE LIEBE

Worte finden für Gott

Beim Schreiben dieses Textes ging es uns nicht darum, ein Vorbild zu sein oder das Bild eines klaren und einfachen Weges zu erzeugen. Jeder Weg ist anders, wir können hier nur den unsrigen vorstellen und dadurch einladen, den jeweils ganz eigenen Weg zu finden. Auch wollen unsere Worte nicht vorschreiben, sondern wiederum dazu einladen, jeweils eigene Worte zu finden.

Im Austausch ist aus unserem Innersten immer wieder aufs Neue das Wort Gott aufgestiegen, sodass uns klar wurde: Wir können gar nicht vom wahren Selbst sprechen, ohne von Gott zu schreiben.

Das ist uns nicht leichtgefallen, da wir um die schwierige Geschichte dieses Wortes für viele Menschen wissen. Daher haben wir uns lange zurückgehalten, über Gott zu sprechen – selbst voreinander waren wir vorsichtig und zögerlich damit. Obwohl gleichzeitig das Wissen von Gott so klar in uns war, hatten wir erst zu lernen, uns in diesem tiefen Glauben einander mehr und mehr zu offenbaren.

Wir erleben es als großen Schritt, vom heiligen Lichtfunken zu sprechen und darin sichtbar zu werden. Denn wir spürten eine große und uralte Angst, verurteilt zu werden, wenn wir von Gott sprechen.

Einer der schambehaftetsten Momente meines Lebens war, als ich dir meinen tiefen Glauben an Gott zum ersten Mal „gestanden" habe. Niemals vorher oder auch hinterher habe ich mich so nackt gefühlt.

Ich kenne auch eine tiefe Scham, Gott in mir wirklich zu zeigen. Ich wollte lange nicht von ihm sprechen, ihn lieber still in mir wahren.

Es gab auch eine Befürchtung in mir, andere Menschen durch Gott aufzuregen, denn manchmal erlebte ich, dass das Wort Gott für viele Menschen problematisch war, sie ihn als beurteilend und bestrafend ansahen oder als nur als männlich definiert erlebten.

Heute können wir zu unserem tiefen Wissen von Gott viel besser stehen, das wahre Selbst bestärkt uns darin und wir ermutigen einander, darin mehr da zu sein. Denn wir erleben Gott tatsächlich als Wahrheit in uns und um uns.

Dabei geht das Göttliche für uns über bestimmte Religionen hinaus; es erstrahlt, wo immer Menschen mit der wahren Herkunft, dem Unendlichen und Unfassbaren verbunden sind.

Das wahre Selbst erlaubt, uns mit Gott eins zu fühlen, es enthält das Unsterbliche in uns. Es geht darum, sich verfügbar zu machen für das, was in uns ist, sodass Gott durch uns wirken kann.

Für das schon gefüllte inszenierte Selbst bedeutet dies ein Leermachen, für das bereits leere durchlässige Selbst geht es um das Vertrauen ins schon immer Gespürte.

Wenn wir uns wirklich zur Verfügung stellen, uns wirklich abgeben, können wir mehr und mehr genommen werden durch das Größere. Unsere individuelle Form verändert sich so im wahren Selbst weiter und weiter hin zu Gott. Wir sind zutiefst davon überzeugt, dass wir Menschen eigentlich füreinander da sind, um zu Gott zu kommen.

Dann könnte die Welt eine vollkommene Spiegelung Gottes sein.

Worte finden für Gott – und das Göttliche in uns. Und – es gibt keine Worte.

Gott

Wir möchten jetzt mehr von Gott sprechen.

Ja, Gott hat uns zueinander und zu uns selbst gebracht, und darüber zusammenzufinden war unglaublich.

Gott ist unser Schöpfer, dadurch erstrahlt immer wieder neu das wahre Licht in uns.

Gott ist nur Liebe, eine nie versiegende Quelle, und es ist diese Liebe, die uns nie verlässt.

Das wahre Selbst erlaubt uns, Gott direkt zu erleben, ihn zu spüren und von ihm in uns und außerhalb von uns zu wissen. Doch ist Gott keine Person, sondern über das Menschliche weit hinausgehend.

Es ist Gott, der zu uns durch die Botschaften der Seele spricht oder auch still uns führt und leitet, sodass wir immer mehr aus unserer göttlichen Herkunft heraus leben können.

Er ist Führung und Halt, wo wir herkommen und hingehen, ein Ozean des Bewusstseins, aus dem Form entsteht und verschwindet. Jeder Tropfen dieses Ozeans bedeutet eine neue und immer wieder einzigartige Verkörperung.

Gott ist alles, ein ewiges Universum in der Ur-Schwingung und in der unendlichen Stille, welches wir in Raum und Zeit hier auf der Erde verkörpern können, im Werden und Vergehen.

Gott ist schlicht, unspektakulär und selbstverständlich, aber auch unglaublich riesig und niemals fassbar. Jeder Zweifel kann in ihm versiegen, denn seine unendliche Liebe umfasst auch ein zerbrochenes Herz und beinhaltet alles im tiefen Verstehen.

Gott ist von Lebensbeginn an in uns, und je mehr im Laufe des Lebens unser Bewusstsein ihn wirklich spürt und wahrnimmt, desto mehr können in uns Worte für und aus Gott erwachsen. Diese Worte können helfen, wieder ganz in unser Zuhause zurückzukommen, wenn wir uns da noch nicht halten konnten.

Durch wirkliche Begegnung mit einem Menschen können wir wagen, Gott mehr und mehr in uns zu spüren und ihn in uns zu halten, auch wenn er eigentlich schon immer in uns war.

Gottes Segen ist überall spürbar und immer mit uns – wenn wir uns dafür öffnen. Auch als Menschen können wir einander Gottes Segen spenden und uns daran in der Natur oder gegenseitig immer wieder erinnern.

Als kleines Kind konnte ich ohne Worte in der Natur den Segen um mich deutlich wahrnehmen.

Ich kann den Segen am einfachsten wahrnehmen, wenn ich so tief in mich hineintauche, bis ich zu Gott in mir gelange – oder wenn ich in Evas Augen schaue. Manchmal kann ich gar nicht fassen, wie gesegnet wir sind.

Uns im Göttlichen zeigen

Es ist ein großer Schritt, sich im Göttlichen wirklich zu zeigen, denn auf einer Ebene macht es uns nackt und vollkommen sichtbar, sodass wir ohne den früheren Schutz sind, der durch eine psychische Struktur das Wahre in uns verbergen wollte. Da wir uns früher der totalen Verletzlichkeit der Seele ausgeliefert fühlten, gab es meist nur den Versuch, möglichst von Gott in uns wegzugehen und nichts davon mehr zu zeigen.

Erst durch das Wissen um die gleichzeitige Unverletzbarkeit der Seele im Göttlichen kann der Schutz sich drehen und die Nacktheit da sein, weil wir vom wirklichen Zuhause in uns gehalten sind. Wir können lernen, nicht alles mithilfe der – gemachten – Psyche selbst tun zu müssen, um uns künstlich zu retten, sondern zu wissen, dass Unvernichtbares und eine unendliche Liebe immer in uns und für uns da sind. Die wirkliche Offenbarung kann uns völlig „schutzlos“ machen.

Wenn ich alles loslasse und ganz neu zu mir komme, gelange ich in den wahren Ursprung – und die Seele kann sich in Gott versenken, sodass ein ganz neuer Schutz erwächst.

Es hat für mich aber auch eine ganz andere Seite als das Gefühl der Schutzlosigkeit, nämlich endlich mal das in mir nach außen zu zeigen, was so lange nicht gesehen werden durfte, so, als ob Gott aus mir herausplatzen wollte, so wie ein tief seufzendes Endlich!

Es ist ein großer Schritt, das Licht in uns zu spüren, uns in der Seele und ihrem Lichtfunken wirklich zu zeigen und so eine ganz andere Art des Schutzes zu finden.

Auf diese Art ist das Hören auf Gott wie ein Gottesdienst, ein wirkliches Leben in Gott.

Jetzt wird es haltbar innerlich, jetzt können wir es mehr zeigen und auch andere ermutigen, Gott auf eine ganz neue Weise zu erfahren.

Statt selbst zu versuchen, souverän zu sein, bringt Gott uns in eine Souveränität, die über das irdische Geschehen weit hinausgeht. Wenn wir das bisherige Eigene räumen, kann Gott ganz in uns eintreten.

Wenn ich von Gott wirklich in mir weiß, dann ist Gott in mir gelebte Realität, um sich dann gegenseitig darin zu erkennen, zu bestärken und zu ermutigen.

Menschlichkeit

Wir halten es für kostbar, dass wir beide nicht über anderen stehen, sondern dass auch wir es kennen, den Zugang zu Gott verloren zu haben.

Gott ist nicht immer in mir da, dann fühle ich mich auch verlassen, kenne das auch.

Oder ich fühle mich ohne Gott in mir allem ausgeliefert.

Wirkliche Menschlichkeit lässt tief verstehen, was das Leben mit uns allen machen kann. Wir können auch ohne Absicht und sogar ohne Bewusstsein schuldig werden. Alles Menschliche ist verstehbar.

Es kann uns Menschen immer mal wieder geschehen, aus der eigentlichen Kraft in die ursprüngliche Überlebensstruktur zu fallen.

Es ist wichtig, das nicht zu verurteilen und sich nicht darüberzustellen, sondern darin füreinander liebevoll verstehend da zu sein. Es geht nicht darum, sich ein Bild vom Menschen zu machen, wie wir zu sein hätten, sich zu vergleichen oder sich und andere auf- oder abzuwerten.

Menschlichkeit bedeutet, sich einzugestehen, dass wir unvollkommen sind. Auch Gott verlangt von uns nicht, wie wir sein sollten; es gibt von ihm keine Vorschrift, die uns bestimmen will.

Es gibt vielmehr eine unendliche Gnade von Gott, die niemals geht, die immer da ist, egal was wir tun oder getan haben. Und so können wir jederzeit innehalten, was auch immer geschah, und uns ihm und seiner Liebe wieder neu zuwenden. Und auch wir Menschen können einander so lieben.

Das bedeutet nicht, dass es keine Rolle spielt, was wir einander antun. Vielmehr erlaubt es erst die Liebe, alles Menschliche in seinem ganzen Ausmaß bei uns und den anderen wirklich da sein zu lassen.

Für uns geht es darum, im Menschsein sowohl die göttliche Seele als auch die menschliche Unvollkommenheit zu lieben.

Nicht nur Gott bestärkt uns in uns, auch als Mensch können wir einander ein Gegenüber sein, das deutlich macht, dass die irdische Welt nicht unsere eigentliche Heimat ist. Beides ist kostbar.

Es gibt etwas in uns, was das Wahrhaftige in uns und anderen erkennen kann.

Ich sehe in der Seele Gott im Menschen. Wir sind in unseren Seelen allverwandt. Und wir können Gott gegenseitig in uns bestätigen.

Das Licht in uns

Uns Menschen ist ein Licht mitgegeben, durch das das Größere, Ewige, Göttliche in uns leuchtet. Es blüht in uns, ohne dass wir etwas dazutun müssen, denn es ist schon immer in uns da. Oft ist es in den Augen eines Neugeborenen noch sehr sichtbar, da es durch die mitgegebene Seele strahlt.

Ich nehme in mir ein Licht wahr, welches sich immer wieder sehnend dem Licht zuwendet, dem es ursprünglich entstammt, wie eine Rückkehr zu meiner Quelle, die mir einerseits so vertraut ist und doch – in schwachen Momenten - so unvertraut erscheint.

Auch wenn das Licht im Laufe des Lebens oft getrübt und die Augen beschattet sind, können wir Menschen es füreinander wieder klar hervorbringen.

Für mich ist das wahre Licht oft in den Augen anderer Menschen sichtbar, ich sehe darin die Seele und das Strahlen und ewige Leuchten. Am Anfang habe ich mich im Sehen des Lichts bei anderen Menschen fast geschämt, weil es unfassbar groß ist und man einander so im Unendlichen begegnet. Aber im Laufe der Jahre wurde es immer haltbarer und berührender.

Ich kann das manchmal, aber nicht immer. Oft steht noch die Form im Weg. Es ist mir sehr peinlich, das hier zugeben zu müssen. Ich frage mich dann: Darf ich vor Gott so unvollkommen sein? Und – plötzlich beginnt Gott durch mich hindurch zu leuchten und nimmt jeden Zweifel von mir.

Das Licht geht über den Tod und die Dunkelheit auf der Erde hinaus, es leuchtet selbst in der Finsternis und lässt in all dem den Segen spüren.

Wenn wir das Licht gegenseitig entzünden, dann müssen es nicht nur die Augen selbst sein, denn es ist ganz prinzipiell in uns vorhanden. Das heißt, es gibt viele Wege, uns einander an das Licht zu erinnern. Es hilft so, das Leben neu aus Gott heraus zu beginnen.

Das Licht gebiert Licht, immer wieder aufs Neue, und wir alle sind ein Teil davon.

Der folgende Satz kam vor Jahren aus einer ganz großen Tiefe in mir hoch und er berührte mich sehr:

„Wenn ich wirklich in Gottes Kraft stehen würde, wäre ich ein leuchtender Stern. Wenn die Seelen der Menschen leuchten würden, wären wir ein verbundener Sternenteppich auf der Erde. Das wäre die Erlösung der Welt.“

Es zünde sich ein Licht am anderen an!

Hinweis

Wir haben dieses Buch aus dem jeweiligen Augenblick heraus geschrieben. Dabei haben sich auch während des Schreibens immer wieder Einsichten neu ergeben oder vertieft. Wir gehen daher davon aus, dass es weitere Veränderungen geben wird. Nichts ist für uns zu Ende, auch wenn parallel das wahre Selbst uns immer wieder an unsere ewige Natur erinnert.

Kontakt

Eva Neuner (Nürnberg)
www.eva-neuner.de
info@eva-neuner.de

Holger Niemeyer (Berlin)
www.holger-niemeyer.com
mail@holger-niemeyer.com